U0905975

《时代追梦人——浙江大学优秀校友访谈录》

编委会

时代追梦人

浙江大学优秀校友访谈录

主　编　董世洪
副主编　谢红梅　杨　倩

图书在版编目（CIP）数据

时代追梦人：浙江大学优秀校友访谈录/董世洪主编. --杭州：浙江大学出版社，2019.11
ISBN 978-7-308-19656-7

Ⅰ. ①时… Ⅱ. ①董 … Ⅲ. ①浙江大学—校友—访问记
Ⅳ. ①K820.7

中国版本图书馆CIP数据核字(2019)第244094号

时代追梦人——浙江大学优秀校友访谈录
董世洪　主编
谢红梅　杨　倩　副主编

责任编辑　陈　翩
责任校对　丁沛岚
封面设计　周　灵
出版发行　浙江大学出版社
（杭州市天目山路148号　　邮政编码　310007）
（网址：http://www.zjupress.com）
排　　版　杭州林智广告有限公司
印　　刷　杭州良诸印刷有限公司
开　　本　880mm×1230mm　1/32
印　　张　8.5
字　　数　218千
版 印 次　2019年11月第1版　2019年11月第1次印刷
书　　号　ISBN 978-7-308-19656-7
定　　价　42.00元

序

回首光影流转，展望凯歌奋进。1998年9月15日，在党中央的直接领导下，同根同源的浙江大学、杭州大学、浙江农业大学、浙江医科大学合并组建成新的浙江大学。20年来，作为改革的先锋、合并的典范，新浙江大学以建设中国特色世界一流综合型大学为目标，紧紧围绕“德才兼备、全面发展”的核心要求，全面贯彻落实立德树人根本任务，着力培养德智体美劳全面发展、具有全球竞争力的高素质创新人才和领导者。

不忘初心，方得始终。为进一步宣传、分享优秀校友的先进事迹和成功经验，展现四校合并20年来“树我邦国、天下来同”的浙大人风采，增强广大校友对学校的归属感、自豪感和责任感，为在校学子提供学习成长的榜样和力量，浙江大学就业指导与服务中心在全校领导、师生的支持帮助下，编写了《时代追梦人——浙江大学优秀校友访谈录》一书。

习近平总书记在北京大学师生座谈会上的讲话中指出：“大学对青年成长成才发挥着重要作用。高校只有抓住培养社会主义建设者和接班人这个根本才能办好，才能办出中国特色世界一流大学。”这是习近平总书记在新时代对大学教育作出的指示。20年来，浙江大学初心不改，培养了一批具有家国情怀、勇于担当重任的优秀人才，他们勇立时代潮头、服务社会发展、推动人类进步，用实际行动践行了浙大的人才培养理念，展现出浙大人以天下为己任的使命担当。这本访谈录的出版正是对20年来浙大人才培养成果的展现；同时，它也是在校浙大学子学习榜样的读本。

联袂求是学子，欲览浙里才华。为更好地在访谈录中展现四校合并20周年的人才培养成果，就业中心在全校范围征选了30余位校友的案例，他们秉承“求是创新”校训，以天下为己任，以真理为依归，具有良好的社会公众形象。这30余位优秀校友中，有的立足基层，胸怀祖国；有的投身科研，造福社会；有的任职企业，推动变革；有的自主创业，成就突出。接受访谈的优秀校友涵盖全校24个院系，根据校友所在院系不同，招募的61名学生记者分为三个不同小组，以“一对一”或“多对一”采访方式，通过面对面、电话、邮件等采访途径，获取了丰富的校友就业创业素材，展现了优秀校友的生涯发展历程，对在校学生的职业规划、未来选择有着重要的启发意义。

青年是国家的希望、民族的未来，培养德才兼备、全面发展的人才是浙江大学的核心追求。新时代的求是学子要在学习优秀学长学姐的基础上，树立远大理想，热爱伟大祖国，担当时代责任，勇于砥砺奋斗，练就过硬本领，锤炼品德修为，为实现中华民族伟大复兴、促进人类文明进步作出卓越贡献。

邬小撑

目　录

CONTENTS

树我邦国　天下来同

实现中华民族伟大复兴的中国梦需要大量优秀学子积极投身于社会建设，投身于各级党政机关工作。浙大从建校之初起就与国家民族的发展紧紧联系在一起，一届又一届的浙大学子不忘初心，将“求是创新”的精神和新时代艰苦奋斗的作风带向全国各地。他们中有远赴西藏高海拔地区的公务员，有前往偏远落后乡镇的大学生村官，走访调研民情、开展基层宣讲、探索特色产业，带领当地百姓一起建设社会主义新农村。这些选调生和公务员踏踏实实从基层工作岗位做起，为中国现代化建设添砖加瓦，他们的足迹遍布社会的各个角落、各级部门……选择这条路注定要经历很多的艰难困苦，但浙大学子无所畏惧，他们在各自的岗位上发光发热，积极为国家建设贡献出坚实的浙大力量。正是这样一份责任担当与家国情怀，让诸多浙大人义无反顾地走上这条职业道路，体悟有苦有泪，更有成长、人情与温暖的生涯发展历程。在此特别精选了 7 篇在党政机关工作的优秀校友访谈稿，希望能给在校生提供一些参考和启发。

裴　鹏

用"初心"和"情怀"讲好中国故事

裴鹏，1983 年生，山西太原人，2001—2005 年就读于浙江大学外国语言文化与国际交流学院英语专业，2018—2019 年于新加坡国立大学李光耀公共政策学院攻读公共管理硕士（MPA）。本科毕业后，先后就职于天津港国际物流发展有限公司、中海石油（中国）有限公司天津分公司。2009 年 8 月考入财政部对外财经交流办公室，2012 年 10 月—2014 年 10 月由财政部外派至美国华盛顿世界银行中国执行董事办公室工作，2014 年回国后在财政部国际经济关系司工作，现任国际经济关系司副调研员。

政治情怀，奋发进取

很多年轻人在初入国家机关时，对机关充满了幻想，以为机关生活是“一杯茶、一份报可以过一天”。相反，国际经济关系司的工作非常繁忙。国际经济关系司主要承担着中美战略与经济对话（S&ED）框架下经济对话机制等十余个高级别财金对话机制，以及党中央、国务院领导及部司领导交办的各种任务。对于初来乍到的新人来说，几乎没有适应培训的时间，都是边干边学。尤其是裴鹏缺乏金融和经济领域相关的专业学习经历，司里的工作对他来说意味着更大的挑战。

裴鹏和同事们不仅需要学习党和国家的大政方针和会议文件精神，了解国内外政界、商界、学界的最新政治经济言论、思想和理论，筹备各种大型国内外会议活动等，而且还需要参与党中央、国务院领导及部司领导的会议或外事活动。做好这样的工作需要深厚的理论基础和扎实的文字功底。裴鹏身边的同事都是国内各大高校的博士、硕士毕业生，还有不少海归，他们理论水平高、实践经验丰富，英语也很好，在这里工作说没有压力是不可能的。面对这样的压力，裴鹏没有退缩，而是化压力为动力，坚持学习、补足短板，不断提升个人综合素质，尽自己最大的努力圆满地完成领导下达的各项任务。

由于工作繁忙、任务艰巨，裴鹏和同事们基本上每天都是早出晚归，有时候甚至因为太忙而住在办公室。然而，这么多年来，他总是充满热情，从不逃避。他表示，成为一名国家机关公务员，就意味着责任与担当，理想和追求不是嘴上说说，是要身体力行的。裴鹏不仅是这样说的，也是这样做的，他用实际行动诠释了浙大学子“求是创新”的初心，用坚韧奋斗彰显了浙大人“家国情怀、世界胸怀”的追求与担当。

校训初心，动力源泉

当被问及一直保持对理想孜孜不倦追求的动力所在，裴鹏不禁感慨，“问渠那得清如许，为有源头活水来”，浙大的校训犹如活水之源，浙大的精神已植根于自己的内心。虽然他已经从浙大毕业了，但每每回想起竺可桢老校长对“求是”二字的解读，他的心中依然会泛起层层涟漪。正因始终保持着这颗“求是”的初心，他才能一路走来，不急不躁，坚实笃定。

浙大的校史校训为当时正处于迷茫时期的裴鹏点亮了一盏指路明灯。竺可桢老校长说“求是”即“博学之、审问之、慎思之、明辨之、笃行之”“不盲从，不附和，一以理理智为依归，如遇横逆之境遇，则不屈不挠，不畏强权，只问是非，不计利害；虚怀若谷，不武断，不蛮横；专心一致，严禁整饬，毫不苟且”。此番言论对裴鹏头脑的激荡不可谓不强烈，对裴鹏内心的影响不可谓不深远，他将“求是创新”当成使命，从此作为自己的行为准则和奋斗目标。

在裴鹏看来，大学本科阶段由于认知和视野的限制，大部分人都会对自己的未来有迷茫之感。“未来充满了不确定性，不知道毕业后是出国还是直接工作，正因为此，当下我们要做的就是为迎接各种不确定性尽可能地做好充分的准备。”他期望学弟学妹能够尽早走出迷茫期，确定个人目标，更要牢记身为浙大人的使命，践行浙大校训，集中精力放在充实自己上，培养自己的多方面能力，提高综合实力，为未来参与更加激烈的竞争打下良好的基础。

端正态度，保持初心

初入职场，每个人的水平和起点都差不多，但时间一久，很多人粗心的小毛病就会显露出来，不但影响工作质量，甚至还会影响个人发展。因为领导和同事的眼睛都是雪亮的，粗心这样的毛病，虽然不算大，可是大家都会看在眼里。如果不能及时改正，长此以往别人对你的印象就会大打折扣，领导也不会放心给你交办任务。比如，机关对公文写作的要求极高，不但需要公文逻辑清晰、层次分明，遣词造句、标点符号也很重要。裴鹏在工作之初也曾犯过写错别字这样的小错误，但他认真吸取教训、总结经验，以更加认真仔细的态度对待每一份文件。

初入职场的年轻人很容易为外面的花花世界所吸引，特别是在北上广深这样的一线城市，国家机关工作人员收入相对较低，还面临着住房、医疗、教育等方面的巨大生活压力，心态难免失衡。此外，机关的工作任务很是繁重，总有开不完的会、写不完的稿子，每个月都是忙季。裴鹏建议，首先，要有良好的心态，这样无论是平时加班加点，还是节假日放弃休息，都能少一点抱怨，多一点平和。其次，这种时候恐怕就要好好想一想自己的初心，想想自己的理想和信念，看看自己究竟想要什么。一旦打定主意，那么就应该坚定地沿着这条路走下去，坚持到底。

家国情怀，讲好中国故事

随着中国的发展，全世界都对中国产生了浓厚的兴趣。但是裴鹏深感有很多人对中国的了解并不全面与客观，一些人甚至一直戴着有色眼镜看中国。在华盛顿和新加坡工作学习期间，裴鹏的这种感觉尤其强烈。

他身边的同事与同学，一方面惊叹于中国所取得的巨大成就，另一方面又对中国抱有深深的质疑，对中国的看法与态度十分矛盾。对此，裴鹏也相当苦恼。

近期，我国外交部前副部长傅莹在出席某论坛时就中美关系发表了演讲，特别提到了一个新词“资讯赤字”，恰巧与裴鹏的忧虑不谋而合。傅莹指出，长期以来，在国际知识和信息库里，源自中国的资讯相对匮乏，更谈不上系统完整，同时，中国与其他国家又存在着语言、思维、利益上的差异，这导致很多外国人对中国抱有误解。因此，我们应该想办法加强国际传播，以让外界听得懂、能理解的方式阐释中国故事，让中国的知识、信息和政策能够通达国际社会。

这篇演讲让裴鹏顿时感觉找到了信心和方向。傅莹希望更多年轻人能勇敢面对挑战，不断学习摸索，深入了解国家的历史和现实，吃透党的方针政策，跟上形势的发展变化，增强自身能力建设，成为中国新一代成功的传播者。而对于在海外学习和工作的裴鹏来说，最好的办法是用实际行动作出表率，讲好中国故事，潜移默化地影响身边的人。裴鹏不仅利用一切可以利用的机会生动形象地阐释中国的和平发展理念和互利共赢的发展观，还格外重视方式方法，用可靠的数字和生动的案例让外国友人信服。

比如，最近裴鹏就“中国与世界银行的合作”议题在李光耀公共政策学院为师生们做了一期专题讲座，系统阐述了在中国和世界银行合作的三十多年中，中国从最初接受世界银行提供的资金、技术和经验的受援国，逐步转变为世界银行的第三大股东国和重要的捐款国，同时还反哺国际社会，向其他发展中国家分享了我们的知识、经验和技术。在问答环节，裴鹏还就西方媒体诬蔑中国蓄意对发展中国家制造“债务陷阱”等问题进行了有力驳斥。讲座取得了非常好的效果。

裴鹏用实际行动践行着傅莹提出的“加强国际传播理念，让中国的知识、信息和政策能够通达国际社会”的要求。裴鹏心装家国情怀，拥有国际视野，以一个国家公务员的责任与担当，立足岗位，尽自己力量讲好中国故事，做中国新一代成功的传播者，为中国进一步树立在世界舞台上的良好形象作出了自己的贡献。

最后，裴鹏希望用他积极乐观的人生态度与学弟学妹共勉：“总之，我相信只要我们自己努力奋斗，不掉链子，美好的未来一定会向我们招手。”

采访小记

虽然以前也做过采访，但是采访优秀校友这样的任务还是第一次遇到。与先前做过的采访最大的不同点在于，我们与优秀校友是不曾有过直接接触的，这对采访前的准备工作来说是个不小的挑战。接到采访任务后，我们首先尽可能搜集了校友的信息，之后根据这些有限的信息预设了采访大纲及一些具体的、有针对性的问题。手头信息很少，但幸而之前经历过干货满满的培训，大致方向心里还是有数的——按照时间顺序，分成大学时期、求职时期、职场时期以及想对学弟学妹说的话几个部分组织采访问题。

采访也的确按照预设的路线徐徐展开，但当中仍旧会遇到不少临场情况，这就需要及时变通，比如校友可能会由一个话题自发引申到另一个话题，这时就需要灵活地变动采访的逻辑线以适应校友的节奏；另外一些时候，我们会从校友的回答中发现一些富有趣味的闪光点，这时就需要及时进行深入挖掘，以期探访到校友更加丰富立体的一面。

采访中最令我们触动的还是从校友身上所感受到的那份“浙大人”的传承精神。校友进修忙碌之余愿意抽时间接受采访本已十分难得，更可贵的是，我们能深切地感受到他诚挚分享个人经历，以期为学弟学妹提供指引的意愿与心情。这样的传承精神正是浙大精神的体现，也是浙大历久弥新的生命源泉。

采访时间：

2019 年 5 月 19 日（电话采访）

采访及撰稿：

韩欣然　法语专业 2017 级本科生

李潇玥　德语专业 2017 级本科生

黄珂　外国语言文化与国际交流学院辅导员

图片来源：

裴鹏

林湛椰

求是人的“三不怕”

林湛椰，浙江台州人，中共党员。2003 年 9 月至 2007 年 6 月，在浙江大学动物科学学院动物医学专业学习，获学士学位。大学期间，辅修法学专业，积极参与学生科研活动和学生工作，获省级奖励 1 项、校级奖励 19 项。2007 年 8 月，留校参加工作，任动物科学学院辅导员、团委副书记，获省级奖励 1 项、校级奖励 9 项。2009 年 7 月至 2018 年 9 月，在农业部兽医局工作（其间于北京大学政府管理学院在职学习，获公共管理硕士学位）。2018 年 9 月起任农业农村部畜牧兽医局防疫处主任科员。被农业农村部记三等功 1 次，被农业部嘉奖 3 次，获中央国家机关优秀团干部、农业部直属机关优秀共产党员等荣誉 10 余项。

浙大韶华，求真求实

林湛椰一直觉得自己与浙江大学有着不解之缘。

2001年暑期，林湛椰参加了在浙江大学西溪校区举办的全省高中生化学夏令营。上课时坐在田家炳书院宽敞明亮的教室里，聆听着化学系的教授们将知识点娓娓道来，下课后走在教学楼走廊上，仰望着那些浙大先贤的照片，他的心中埋下了成为一名求是人的种子。

2003年9月，林湛椰如愿考入浙江大学。当时的紫金港校区才投入使用1年时间，很多基础设施仍在建设当中，整个校区看起来就像一个大工地。但是，此时四校合并已经让学校重新成为一所“有文有质，有农有工”的综合性研究型大学，这让从小就兴趣爱好广泛的林湛椰感到十分兴奋。他常常上午跑去旁听苏德矿教授的微积分课，然后到西区的化学楼做整整一下午的实验，晚上又跑回东区听李立志老师畅谈中华人民共和国历史，周末又起个大早去听沈志坤老师的经济法学，最多时曾一个长学期选了43学分，一周要上59节课……四年浙大求学时光，丰富了林湛椰的知识，也开阔了他的眼界。

学习期间，林湛椰认为自己最宝贵的财富就是遇到了影响其一生的恩师和挚友。其中，班主任姜中其老师严谨的治学态度给他留下了深刻的印象。在2006年寒假一个寒风料峭的冬日，林湛椰临行前去和姜老师告别，却发现他正在阴冷的办公室里埋头批改“药理学”课程的论文。当时课程成绩已经公布，林湛椰颇为不解地问姜老师为何还要修改已经给过分数的论文。他至今还清楚地记得姜老师当时说的话：“学术一定要严谨，注重细节，追求完美。同学们如果在写课程论文时养成了良好的学术习惯，以后写毕业论文就很轻松了。”说完，姜老师打开林湛椰论文的文档，开始逐一指出文中存在的问题和应该改进的细节，耐心地讲解到了中午时分。“原来我这篇得了‘高分’的论文背后还有这么多问题！”林湛椰仿佛醍醐灌顶，对“认真”二字也有了更深的理解。后来，无论在学习还是工作中，当产生急躁情绪抑或敷衍心理的苗头时，他都会想起姜老师的教诲，让自己沉下心来，踏实干事。他的毕业论文也获得了全专业的最高分，并被评为校级优秀毕业论文。浙大教师这种不图名利、不骄不躁、笃实践行的精神也一直影响着他，使他受益良多。

在浙江大学浓厚学术氛围的熏陶下，林湛椰较早地进入专业实验室，并在导师杜爱芳教授的指导下独立开展课题研究。大三时，在导师的鼓励下，他成功申请了2006—2007学年校“挑战杯”学生课外学术科技作品竞赛项目“真菌对鸡球虫卵杀卵效果的研究”。该项目借鉴植物保护领域利用真菌对蝗虫进行灭杀的思路，在国际上首次提出了利用真菌灭杀鸡球虫卵的防治思路。在导师的悉心指导下，经过近一年紧张而艰苦的实验，当时的科研“小白”林湛椰构建了一套较为完善的定量评价体系，并成功筛选到一株能够高效杀卵的真菌菌株。后来，该项目被评为校特等奖，创下学院历史最好成绩纪录。这件事情给了林湛椰一个重要启发：年轻人必须清醒地意识到自己还有许多亟待改进的不足，而及时发现并弥补这些不足的最好方式就是去承担超出自己心理舒适区的工作，不断挑战自己，真正做到边学边干、边干边学。

“学以致用，知行合一”，浙江大学一直提倡的“把论文写在大地上”的学术风气对林湛椰影响颇深。2004年前后，我国接连发生的SARS、高致病性禽流感等公共卫生事件，给全社会带来了一定的恐慌，还严重冲击了相关产业的发展。林湛椰敏锐地意识到，作为公共卫生安全重要保障的基层兽医管理体系可能存在一些问题亟待解决。他坚信作为一名浙大学子有责任贡献自己的一份心力，便聚焦他的家乡浙江省台州市的兽医工作情况，申请了校第八届大学生科研训练计划（SRTP）项目“台州动物防疫体系现状分析及改进建议”，并着手开展前期研究。2005年5月，国务院印发了《国务院关于推进兽医管理体制改革的若干意见》（国发〔2005〕15号），我国兽医管理体制改革的大幕正式拉开。借着这股东风，2005年暑期，他到当时的台州市畜牧兽医总站开展实地调研。在整整一个月里，他跟着技术人员钻猪圈、进牛棚，人晒黑了不少，也消瘦了一圈，但拿到了大量的第一手资料。回校后，他在学院时任副院长方维焕老师的指导下，撰写了一篇8000余字的调研报告，对当地兽医管理体制改革提出了多条建议。经层层推选，这篇调研报告从当年全校近2万篇暑期社会实践调研报告中脱颖而出，被评为2005年浙江大学暑期社会实践“三下乡”活动优秀论文一等奖（全校6篇），他的相关事迹还被《钱江晚报》报道。这段经历使他尝到了吃苦的“甜头”：唯有明目扩胸、脚踏实地，方能有所积累、有所收获。

大学4年间，林湛椰积极参与学生工作，有段时间甚至同时担任了动物科学学院学生会主席、团委副书记（挂职）和学生党支部书记。基于丰富的学生工作经验和对学生工作的热爱，他主动申请毕业后留校担任“2+2”模式辅导员。担任辅导员期间，他坚持开拓思维，注重将理论研究与做好本职工作紧密结合，努力做到用理论指导实践，再通过实践丰富理论。为更好地帮助学业困难生，他使出了“笨办法”：对全院2004级和2005级学业困难生（特别是必修课首次考试不及格数量在6门以上的学生）的学习情况、家庭背景、性格特征等逐一建档，再进行全面分析，运用多因素分析法寻找到多条普遍性规律和多个校方介入干预的关键时间点，在此基础上构建了学业困难生早期预警和后期干预模型，并成功应用到对学院学业困难生的帮扶工作中。后来，学院2006级和2007级学生的课程不及格率相比于2004级和2005级学生同期有了显著下降。

在京十载，不忘初心

2009年，当时具体负责学院学生就业工作、按计划即将进入研究生阶段学习的林湛椰，抱着为学院的应届毕业生“打打样”“鼓鼓劲”的心态，报考了当时只招录1人的农业部兽医局公务员岗位。凭借着在母校学习工作期间打下的坚实基础和沉着自信的心态，他从400多名考生中脱颖而出，以笔试、面试均为第一名的成绩通过了考试，成为四校合并后浙江大学动物科学学院首位考入中央国家机关的本科毕业生。

进入兽医局综合处工作后，林湛椰很快就承担了起草综合文稿这个机关里公认的“苦差事”，并把它当成提升业务能力的“磨刀石”。综合处白天工作细碎烦琐，电话、来访不断，他常常只能在晚上和周末加班加点地赶稿子，几年下来头发也掉了不少。但是对每一篇重要文稿，从文字到标题、从段落到结构、从内容到形式，他都反复推敲打磨，直到自己满意才呈送领导审改。也正是在这一篇篇文稿的起草和修改过程中，他得到了锻炼并提升了做好工作的信心和底气。在每一次到基层调研和因公出国出境过程中，林湛椰也是主动地多看一眼现场、多问一句情况、多记一个数字、多提一条建议。聚沙成塔，聚水成涓，几年下来，他起草的多篇调研报告和出国出境报告得到了领导的肯定性批示，他还结合本职工作撰写了10余篇文章发表在《农村工作通讯》《中国动物检疫》等杂志上。这些思考和积累加深了他对工作的认识，也帮助他更高质量地完成好本职工作。

作为兽医局的青年干部，林湛椰还必须经常面对急难险重任务。2015年11月，他带队冒着严寒深入位于西藏阿里中尼边境的高海拔地区，针对边境动物巡检设施和牧区动物防疫专用设施、村级动物防疫员队伍和畜禽屠宰体系等问题开展实地调研。在深入分析当地实际情况并查阅大量文献的基础上，他大胆地提出了探索建立西藏动物疫病“等风险区”、向符合条件的基层兽医人员直接发放职业兽医C证等政策建议，得到了部领导的高度肯定，部分建议已被采纳应用。

工作中，林湛椰延续了在浙大期间边学边干、边干边学的好习惯，注重工作方式方法的创新。2012年，农业部决定选择5项重点工作对省级农业主管部门开展延伸绩效管理。在具体承办全国兽医系统的延伸绩效管理过程中，他感到自己对这项全新的工作缺乏相应的知识储备，就抓住在北京大学在职攻读公共管理硕士（MPA）的机会，选修了相关课程，完成了题为《重大动物疫病防控绩效管理现实困境与对策研究》的毕业论文，并在局领导的鼓励和支持下，将研究结果逐步转化运用到实施方案和指标体系的持续优化上，在提高各省对这项工作满意度的同时，更好地发挥了延伸绩效管理的“指挥棒”作用。负责兽医局团支部工作后，他发现局内青年干部之间需要一个相互学习交流的平台。于是，他开动脑筋、集思广益，在领导的大力支持下，于2015年年初策划创办了“青年兽医加油站”这一活动载体，有效整合部兽医系统学习资源，既邀请各方面的青年专家解读经济社会新形势和兽医科技新进展，又邀请局领导和身边同事分享成长经历和工作心得，其中有一期还邀请到了中国工程院陈君石院士来与大家交流中国的食品安全问题。如今，“青年兽医加油站”已坚持开展了28期，成为部兽医系统群团活动的一个响亮品牌，有力促进了局机关和有关事业单位青年干部的交流和综合素质的提升。

在综合处工作了十个年头后，2018年9月，在我国非洲猪瘟防控的紧要关头，他按照组织安排，调入新组建的农业农村部畜牧兽医局防疫处，在防控非洲猪瘟这场突如其来的“战斗”中继续挥洒自己的青春与汗水……

感恩母校，农科有为

虽然毕业已经十多年，但是林湛椰始终关注浙大的发展，积极为母校发展建言献策。在2018年2月参加吴朝晖校长与在京青年校友代表座谈时，他建议母校进一步打响“三农”牌，推动涉农学科真正成为浙大迈向世界一流大学、服务国家发展大局的一张“王牌”。一方面，建议母校加强涉农交叉学科的建设，通过跨学部搭建研究平台等形式，充分发挥浙大在生命科学、管理科学、信息科学等方面的优势，提前布局农业大数据分析，新发人兽共患病防治等战略性、前瞻性涉农学科，为世界涉农学科的发展蹚出“浙大路径”，贡献“浙大智慧”；另一方面，建议母校把浙江这个难得的“三农”发展样本研究透彻，深入研究习近平总书记关于“三农”工作重要论述在浙江的形成与实践，从学术角度把“三农”领域的“浙江实践”“浙江经验”总结好、提炼好、推广好，把浙大人的论文真正写在祖国的大地上，为我国“三农”事业的发展提出“浙大方案”，贡献“浙大能量”。

林湛椰还受邀参加了浙大120周年校庆和动物科学学院100周年院庆。谈到对母校近几年变化的感受，他觉得在他眼里，“浙大的树更密了，房更多了，引进人才的层次更高了，国际学术影响力也更大了。看到熟悉的人、回到熟悉的地方，回想起在校时的点点滴滴，发现自己对母校的情感是不变的”。在林湛椰看来，正在变化的是浙大蒸蒸日上、不可阻挡、势如破竹的发展宏图；而始终不变的是每个浙大学子“求是创新”的思想之基、灵魂之根和精神之源。

林湛椰深知对求是精神的追求永远在路上，他用自己在浙大求学和工作期间领悟到的“三不怕”来与学弟学妹共勉：“大家都知道做小事的烦、做新事的难，也都明白吃苦的代价。但作为浙大学子，一要不怕做小事，因为把小事做好就是大事；二要不怕新挑战，因为知不足本身就是一种动力；三要不怕吃苦头，因为对于年轻人来说吃苦就是‘吃补’。”

采访小记

在接到采访任务后，毫无采访经验的我感到非常激动，也意识到了这是一份富有挑战性的工作。首要任务当然是在网络上搜索关于林湛椰学长的信息，遗憾的是，相关的信息非常少，一时之间感到既害怕又兴奋。公开资料少一方面说明学长有很多可挖掘的点，另一方面又增加了针对性准备采访的难度。最初，我只能从学院提供的一篇120周年校庆期间对学长的采访稿中寻找有用的信息，并在此基础上修改得到一篇新稿。需要指出的是，那篇采访稿本身已经写得非常好了，内容十分翔实，但主题与本次的稿件主题有所不同，因此我对文章整体框架进行了较大的调整。之后，经过与学长多次交流沟通，学长本人又根据文章需要，为本文内容提供了许多“炮弹”，使文章细节更加丰富。

本文以林湛椰学长的职业生涯发展总体脉络为主轴展开，从他六年求是园生活的几个片段一直写到他十载中央国家机关工作的点点滴滴。可以看出，大学期间的经历对学长品格的塑造是非常重要的，这些优秀品质在他后来的工作中也得到了延续。可以从中看到一个浙大学子成长的轨迹，也体会到他对每项工作的认真态度。

学长说，每个浙大人都有自己的精彩人生，不必重复别人走过的道路。但学长的成长经历却能激励着我们持续提升自己，向着自己的目标笃定前行。

采访时间：

2018 年 10 月

采访及撰稿：

彭先启　兽医学专业 2018 级博士研究生

蔡厚利　动物医学专业 2017 级本科生

图片来源：

林湛椰

施丁屹岑

在基层追寻法治中国梦

施丁屹岑，浙江缙云人，中共党员。2015年，浙江大学光华法学院刑法学硕士研究生毕业。读研期间，曾在北京炜衡律师事务所从事律师助理工作。2015年6月，考取公安部法制局。2015年10月至2017年12月，在河南省洛阳市西工派出所下派锻炼。2017年12月至今，在公安部法制局法制研究指导处工作。曾获2016年、2018年公务员考核优秀奖励，2019年经公安部推荐参选全国“七五普法”中期先进个人。

施丁屹岑，一个富有诗意和想象力的名字。在这个名字的背后，是一个爽朗、踏实的优秀姑娘。2015年从浙江大学光华法学院毕业后，她考取了公安部法制局，只身北上。随后又由组织安排，赴洛阳进行为期两年的下派锻炼。回忆起这段选调时光，她说，虽然开头艰苦，却是她宝贵的财富。

扎根基层，风雨兼程

随着漫漫求职季的到来，施丁屹岑也开始了自己的求职之旅，最终被公安部录用。谈及为何会做出这个选择，施丁屹岑表示“为法治中国做贡献”是自己的理想信念，虽然这个理想看似有些大，但却是她当时最真实的想法。闯过个人申请、学院推荐、学校审核、笔试、面试和考查等重重关卡，她最终拿到了中华人民共和国公安部法制局的录用通知。这是一份令人羡慕的工作，但同时也是一份不轻松的工作。按照规定，新录用人员将由招录机关统一组织到乡镇机关和对口县直部门或一线执法部门进行为期两年的基层锻炼，考查合格者才能回到招录机关就职。

2015年10月到2017年12月，在公安部的统一安排下，她前往河南洛阳西工派出所进行锻炼。作为一个地地道道的南方姑娘，初到洛阳，人生地不熟的她，与这里的风土人情、饮食习惯格格不入，这让她感到有些崩溃。与浙江人喜爱吃米饭不同，洛阳人偏爱面食，而派出所的伙食更是简单，不是清水面条就是白馍就粥，所以刚到洛阳的时候，每到饭点她就开始发愁。语言障碍是她遇到的另一个难题，当地的老百姓都爱说洛阳话，刚开始面对当地同事的热情交谈，她也要费很多力气、多次询问才能听懂掌握。幸好这样的困境没有持续太久，到洛阳不到两周的时间，她已经在派出所信访室处理了四五起信访案件，耐心倾听群众的意见，及时向领导反映他们的诉求。突然之间，她似乎“打通了经脉”，之前工作上的迷茫烟消云散。

扎根基层，让施丁屹岑看到了最真实的社会。送犯罪嫌疑人进看守所、检测吸毒人员、为高考学子站岗执勤、在牡丹花会期间巡逻卡点、为群众办理身份证件、参与重大案件的研讨……令她印象最深的是一次带女性犯罪嫌疑人体检的经历。当天因为时间关系犯罪嫌疑人没吃饭，带她的队长就自己掏钱买了酸奶和面包递给犯罪嫌疑人，并且亲切地让她多吃点不要饿着。这个细节，施丁屹岑记忆至今。后来，施丁屹岑带着犯罪嫌疑人走回看守所，看着她换上囚服并一步步走进房间，就在犯罪嫌疑人进门的瞬间，二十多双绝望的眼睛齐刷刷向施丁屹岑看过来。她打了个冷战：“这时你会想到一些关于人性的东西，关于善与恶、自由与束缚的思考，如果我没有选择这份职业，我不会有机会去思考这些道理的确切含义。在学生阶段，你无法零距离地接触这样真实的社会，只有当你真的走出学校，真的走进基层，跟每天会发生的真实的恶性事件面对面的时候，你才能意识到，这个社会到底需要什么，这个社会到底发生了什么，它的真面目是怎样的。我觉得这是我们在学校里不会去想的事情，甚至可能不会接受这样的现实。”

从不熟悉到熟悉、从不习惯到习惯，施丁屹岑感慨，在基层的这两年，过程是坎坷且艰辛的，但是收获的经历与感受都是值得永远珍惜的财富。一个人的“逆商”决定了他的人生高度，对于坚韧的人来说，在任何困境中他都能充实自己。这也是施丁屹岑身上表现出的一股拼搏劲儿。

追寻理想，崇尚法治

回忆起学生时代，施丁屹岑坦言，当时的自己对公安与警察的了解并不深入，有时也会因为一些恶性社会事件，对公安这个行业、公安民警这个职业有些许偏见。而当她踏踏实实地扎根于基层派出所，亲自上阵参与执法执勤后，她才慢慢体会到这份职业背后的艰辛，也逐渐转变了自己对这个行业的看法。

通过在基层工作的经历，她深感基层法治理念还存在着一些问题，不能与现实情况很好地接轨。怎样帮助基层公安民警更好地掌握法律规定、规避执法风险，是她在这两年多的工作中一直在思考的问题，从洛阳回北京后，她写了二十几页的工作报告，详细记录了自己感受到的基层问题和需要，不难看出她想切实地为基层做些实事。如今在公安部工作，她直接接触基层的机会不多，但正是选调的经历，让她时刻都能想到基层，也能从不同的角度看待问题、分析问题。“在年轻的时候，我们很容易偏激、偏颇，但是当时你肯定意识不到自己是偏激的，在多年之后，经历多了，你才会觉得当时的认识是有局限性的。尤其是对社会事件的看法，不免会有点幼稚。但是没关系，这也是思维走向成熟必须经历的。从更加专业的角度来说，作为一个法律人，你需要更理性地思考，听

得见别人的声音，不要过于武断地发出自己的声音。”

说到对于未来工作的期许，施丁屹岑认为，从基层回到中央机关工作，在工作思维和方法上都要有所转变，要尽快地熟悉、精通自己手头上的业务，在工作上要打造自己的品牌，只有这样，大家才会对你放心。通过与基层民警打交道，她感悟到不管身处何位，都需要有同理心，也就是人和人共情的意识。在洛阳时，一位同事的话让她记忆深刻：“很多事情你没有经历过，就不要随便进行评价，因为你永远不知道别人真实的感受是什么，对于别人的不幸，不需要过分同情，但一定要尊重。”

她说，从事这份工作是她对理想的追寻，“不积跬步，无以至千里，法治也一样。一个人的力量有限，但是只要我们这一代人都抱持公平正义的法治观，法治中国就不是梦，我们正在慢慢地靠近她”。

自律生活，静气沉着

工作之外的施丁屹岑是个十分自律、活泼的姑娘。健身，是施丁屹岑一直以来的坚持。研究生阶段，她就爱在九溪、钱塘江畔慢跑，江畔的微风让人感到惬意而放松，“跑步时，你的脑袋既可以放空，也可以思考很多事情，有些事情跑着跑着就想明白了”。她也爱旅游，无论是西北的戈壁荒漠，还是西南的藏区信仰，这些不一样的风土人情都深深吸引着她。性格爽朗的她，偏爱西北，那里的景致人情与自小成长的江南水乡天差地别，这种差异和沿途的惊喜，都使她的人生更加丰富多彩。自律地健身，自由地旅行，施丁屹岑相信，自律是一种生活方式，更是一种态度，会带给她更大的自由。

或许正是这样的生活态度，让她愈发豁达与沉稳。每临大事有静气，是她给求职中的同学的建议。“择业阶段，我们容易焦虑紧张、不知所措，尤其是看到身边的同学offer不断时。在此时，我们要沉得住气，不要急于做决定，不用想着有什么工作就先揣兜里再说。而是要对未来的职业规划有一个清晰的目标，一定要找一个你喜欢的，至少是三年之内都想做的工作。”她举例说身边的一位同学，因为焦急而选择了一份自己不喜欢的工作，如今在单位很难静下心来，总想着要离开这个岗位。

采访接近尾声，回忆起学生时代，施丁屹岑不断地强调“珍惜”二字。她感慨校园生活的珍贵，希望大家珍惜无忧美好的校园时光。“正是在学生时代，你可以通过努力奋斗，去拥有更多的机会与可能。此时的大部分事情是可以通过我们的努力去改变的，但是在步入社会后，生活就不会有那么多可能性。”

为了自己的法律梦想，这位爽朗且富有朝气的姑娘勇敢地选择北上，坚韧地扎根基层，她一直热爱生活并以行动展现青春的朝气，相信她会在“为法治立心，为正义立命”的信仰下不断前行，也愿每个走向社会的法律人为中国法治不懈努力！

采访小记

在采访后半段，施丁屹岑提到自己的家乡是浙江时，我有些惊讶。言谈中，她声音清朗，言笑晏晏，很容易感受到她的爽朗直率，这让我不禁猜想她来自北方。但没想到她竟是个江南水乡哺育出的可爱姑娘。施丁屹岑遵照中组部要求，赴洛阳进行为期两年的选调工作，这两年的经历是最吸引我的地方。远离家乡，经历了人生地不熟带来的孤独，语言不通、饮食文化差异等困难，虽然这些辛苦是被她笑着说出来的，而我却依然能想象到其中的艰辛。中间她提到了“逆商”，当我理解了这个词后，就愈发觉得她这两年的经历辛苦而又值得，同时也感受到她身上的那股韧劲儿。

扎根基层，不忘基层。在基层派出所的两年中，她跟群众、跟各种恶性事件面对面，真正意识到了这个社会到底发生了什么，这个社会到底需要什么，各种假象掩盖下的真面目究竟如何。而选调工作结束后，她的二十多页工作报告告诉我们，她是真的想为基层做些什么。为法治中国做贡献，在她的心中，更在她的行动中。

采访时间：

2019 年 4 月

采访及撰稿：

吴越溪　2018 级法律硕士（非法学）

图片来源：

施丁屹岑

王　治

君子务本，本立而道生

王治，浙江大学建筑工程学院结构工程专业 2009 级直博生，读博期间曾赴德国锡根大学交流。曾获国家奖学金、浙江大学优秀毕业生等荣誉；曾任浙江大学建筑工程学院第八、九届博士生会主席。2014 年被录取为广西选调生，一年后赴上林县云里村任第一书记。目前任职于广西住房和城乡建设厅。

在科研成果优异、学生组织工作经历丰富的优秀条件下，王治最终选择在选调生之路上走出自己的未来人生。这饱含“奉献”的选择，起因只是“君子务本”。

坚持选调：孑然无悔的选择

与众多浙大人一样，王治的求学之路缘于竺老校长的两个问题：“第一，到浙大来做什么？第二，将来毕业后要做什么样的人？”

在这两个问题的鞭策下，王治从不虚度光阴，在校期间的勤奋好学不但为他打下了扎实的专业知识基础,也让他学会了独立思考和慎重选择。他常常思考什么职业既能让自己感觉到有尊严和快乐，又能很好地实现自己的社会价值，这时“国泰民安，让百姓安居乐业”的理想开始在他的心中生根发芽。在之后的学习生活中，王治对选调生有了初步了解，他发现这是实现自身价值和造福百姓的双赢选择，在这条路上，有更大的概率与机会去实践和提升自我，更能充分发挥自己对国家、对社会、对民族的价值。君子务本，本立而道生，王治做好了决定，为人民服务是他认定的“本”，选调生是他选择的“道”，他要朝着这个方向砥砺前行，孑然无悔。

然而走上选调生之路意味着将离开熟悉的城市、熟悉的社交圈，去面对未知的环境、多变的工作状态和不可期的未来。这不是一个简单的选择，因此在做出这个决定之初，王治与很多考虑选择或已选择选调生之旅的浙大人一样，需要面对身边亲朋好友的不理解和不支持。对于王治即将远赴广西南宁开展工作，江西遂川的家人反复询问他的想法，劝他冷静思考，生怕这是他心血来潮而做出的不理智决定。王治对于离开熟悉的家和学校、熟悉的老师和朋友、熟悉的生活和工作环境也有种种不舍，更深入思考了去往南宁上林县将会面对的人生地不熟等种种困难，但这是他心之所愿，并决定为之奋斗终身的事业，所以他用坚定的态度说服了家人，用脚踏实地的实践改变了他们的想法，用自己的工作业绩证明了自己的选择，用实际行动告诉他们这不是一个心血来潮的选择。选择这一份工作是承担起“天将降大任于斯人也”的责任，是听从于心，无问西东。

谈及当年对工作地点的选择，王治综合政府、平台及环境三方面进行了考虑：一方面，广西拥有全国闻名的选调生品牌，是上级政府及领导非常重视的干事创业平台；另一方面，北部湾出海直面东盟，而南宁属于北部湾经济圈的核心位置，发展前景巨大。同时，广西南宁有着优美的山水环境，属于宜居城市。出于多方面的综合考量，王治最终选择了南宁。

扎根基层：办法总比困难多

在以选调生的身份于广西住建厅工作一年后，王治得知中央要派干部到农村担任“第一书记”，便毅然抓住这个机会前往基层。职位的变化使工作环境也有所改变。在日记中，王治写道：“在机关，面对更多的是自己的直接领导；而在农村基层，面对更多的是农民群众。在机关，你只需要执行领导的指示，而在农村基层，你要想办法调动农民群众的积极性支持你的工作。”字里行间既

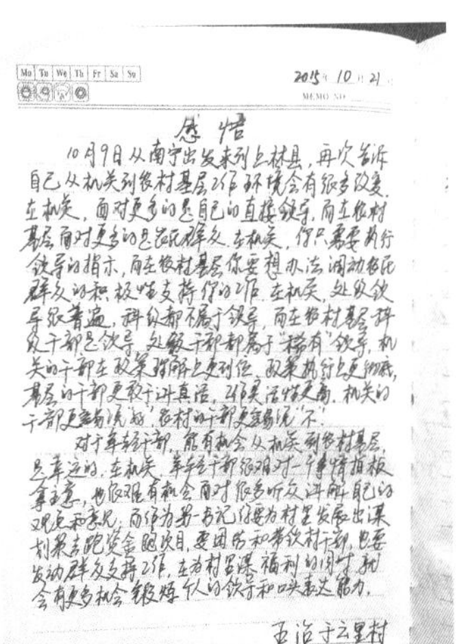
Mo Tu We Th Fr Sa Su　　2015年10月21日
MEMO NO.

感悟

10月9日从南宁出发来到上林县，再次告诉自己从机关到农村基层工作环境会有很多改变。在机关，面对更多的是自己的直接领导，而在农村基层面对更多的是农民群众。在机关，你只需要执行领导的指示，而在农村基层你要想办法调动农民群众的积极性支持你的工作。在机关，处级领导很普遍，科级都不属于领导，而在农村基层科级干部是领导，处级干部都属于“稀有”领导。机关的干部在政策理解上更到位，政策执行上更彻底，基层的干部更敢于讲真话，工作灵活性更高。机关的干部更容易说“好”，农村的干部更容易说“不”。

对于年轻干部，能有机会从机关到农村基层，是幸运的。在机关，年轻干部很难对一个事情拍板拿主意，也很难有机会面对很多听众讲解自己的观点和意见。而作为第一书记，你要为村里发展出谋划策去跑资金跑项目，要团结和带领村干部，也要发动群众支持工作，在为村里谋福利的同时，就会有更多机会锻炼个人的领导和口头表达能力。

王治于云里村

王治 2015 年在云里村写下的日记

是对自身的勉励，又恰似一个预言，使其工作围绕“调动积极性”展开。

初到云里村，面对散乱的农活，王治认为唯有凝聚村集体的力量，发展特色产业，方能快速脱贫。在广泛调研后，他坚信致力于小龙虾养殖将是回报颇丰的方向，并提出了“水里有虾、水面有花、岸上有农家”的美好愿景。但村里并没有养殖小龙虾的基础，因此开始时村民对这个设想抱有怀疑态度，并不愿拿自己的土地冒险。“农民们对自己的土地有着非常深厚的感情。我之前也不懂，但是后来我慢慢体会和理解了。”王治如是感叹道。为动员村民尤其是贫困户的积极性，让产业发展发挥扶贫致富的作用，王治在一段时间中几乎天天挨家挨户地去做群众的思想工作。想起当时的情形，他笑道：“有些农户会提非常奇怪的要求，比如他们不要钱，而要求用大米去换他们的土地。其实本质上是他们对土地作物的依赖以及对新产业的疑虑。”在尝试小龙虾产业化养殖取得成功后，王治在云里村探索了更多特色产业，多种产业的发展为村子带来了不少劳动力的回流，外出务工的人也渐渐回到了村中。

这些工作经历，让王治感悟到，在基层工作最重要的是要摆正自己的位置。在群众面前，要俯下身子倾听他们的心声；在干部与同事面前，要向老同志们虚心学习工作经验，与同事互相帮助。另外，作为基层领导，不但要带领群众和一般干部完成领导和上级部门交代的硬性任务，也要学会因地制宜，敢拼敢闯，掌握一定的工作技巧，更需要下基层调研解决实际问题。

谆谆寄语：基层需要更多的新鲜血液

社会的合理运转有赖于各类人员的通力合作，农村群众是重要的基础。传统农耕作业最多仅能让农户维持温饱，只有拓宽基层的产业链才能实现广大群众的脱贫致富，当农户无力进行自身转变时，便需要干部的引导，而选调生在其中扮演着重要的角色。基层聚集着来自五湖四海的志同道合的选调生，王治便是其中的一员。在类型丰富的活动中，大家能迅速结识、互相扶持；在政府机关中选调生也能受到高度重视，从而接触各种机会和培养平台。

王治不仅自己选择了基层，他还鼓励更多有志向的浙大人来到基层工作，将自己的点滴微光，照亮整片中华大地。时代在不断地变化，人也需要不断地增益自己。他告诉我们，在学校的时光是短暂的，第一要务是做好自己的本职工作——学习，接下来就是要有意识地提升自己的语言表达能力、与人沟通交流的能力、基本的写作能力和快速学习、思考与分析的能力。

他坚信人生在于体验，而不在于飞得多高远。既然做出了选择，就要坚持。不管在哪一个岗位，都要朝着同一个目标："让群众说一句'这位干部做了一些实事'；让同事说一句'这位同志是位实在人'。"王治坚信，竺老校长提出的"公忠坚毅，能担当大任，主持风气，转移国运"的训词是靠一步一个脚印走出来的，而他给所有浙大人提出的两个问题，更要我们用一生去回答。

采访小记

王治学长作为一名毕业多年的老浙大人，选择选调生之路后，已在广西的基层兢兢业业地工作4年有余。交谈中，他表现出的沉稳及思辨能力令人钦佩。与其说选调生是一种就业选择，更不如说是一个人生抉择，这是其与设计院、房产公司等常规选项的重要区别。王治学长饱含热忱的分享让我们得以近距离体悟这一选项的工作性质、难点以及与自身的契合点。在这里，我尤其想将王治学长在云里村的工作总结为“发现问题—提出解决问题的办法—实施办法”三个过程，这是无数科研工作者面对的流程，也是所有试图改善现状的人的行为方式，以此采访稿与大家共勉，希望各位能在人生旅途中遇到期望中的自己。

采访时间：

2018 年 4 月

采访及撰稿：

陈爱云　土木工程专业 2016 级本科生

胡浩强　土木工程专业 2018 级硕士研究生

图片来源：

《浙大博士生为何远赴广西农村当上“小龙虾书记”？》，http://k.sina.com.cn/article_1708763410_65d9a91202000dzhp.html。

赵　赟

“三农”牌的“泥腿子”

赵赟，安徽界首人，中共党员。研究生期间就读于浙江大学农业与生物技术学院作物所，2013年硕士毕业。2013年通过浙江省大学生村官选聘到丽水市庆元县濛洲街道上叶村，在村级组织换届选举中当选村党支部副书记，后经“人才引进”至濛洲街道，先后任街道信访员、党政综合办副主任（主持工作）等职。2016年9月，任庆元县淤上乡党委委员（组织委员）至今。就业事迹曾入选教育部“奋斗·青春”大学生创业就业人物典型事迹；获浙江省第七届微型党课大赛一等奖、浙江省“我最喜爱的习总书记一句话”主题宣讲大赛一等奖、浙江省优秀团员、丽水市“优秀基层宣讲员”、庆元县“十佳青年”、庆元县优秀共产党员等荣誉。

浙大研究生到村里当村官，这无论是在赵赟的老家，还是在他去的村子，都是个不小的新闻。很多人不懂他为何选了这样一条路，同窗不懂，家人不懂，工作后的同事和村民也不懂。

室友说："哥，我的赵主席，还有其他选项。"家人一向支持赵赟的选择，只是当母亲第一次听到他决定去村里做"大学生村官"时，沉默了一会，变得很少出门了。第一次看到村里来了个浙大研究生，村民们难免发出质疑的声音，都在猜测是不是被"发配"到庆元来的。面对这些不理解，赵赟只是笑笑。

对于很多从农村走出来的孩子而言，跳出"农门"留在大城市似乎才是首选。作为从家乡走出来的第一个研究生，为何会选择又回到农村，赵赟说："没办法，就是喜欢，喜欢走在田间地头，喜欢和淳朴的种田人侃大山，喜欢丛生的杂草和袅袅炊烟……"

求是园里的"赵主席"：把书香融进稻香

黝黑的皮肤，壮实的身材，对从小在村里干农活长大的赵赟来说，是"标配"。一副黑框眼镜，似乎让他多了几分书生气。他本科专业是农学大类下的植物保护，"卖农药的"——他这样向父亲解释自己的专业。当其他同学害怕小虫子、担心下田被晒黑的时候，赵赟觉得"挺有意思。学了病害循环，才知道'今年麦盖三层被，来年枕着馒头睡'的专业背景"。小时候挨饿的经历，让他对技术的重要性有着特殊的理解，所以毕业后，他决定攻读浙江大学的研究生。

在浙大，他是农学院研究生与博士生会的主席。其间，学校为有志于基层工作的学生提供了挂职平台，正是这次基层挂职经历让他意识到解决"三农"问题，仅靠科技是不够的。"我在村里长大，长期从事农业生产劳动，对农村的人情世故相对熟悉，对和父母一样的农民有着特殊的感情，我是‘三农’牌，应该到基层、到村里做点事情，乡村也会给我不一样的体验。”赵赟这样解释自己奔赴基层的初心。

2013年毕业时，恰逢浙江省开展首批“大学生村官”择优选聘工作，赵赟赶紧报名并选择了丽水庆元——一个在浙江相对欠发达的山区县。临行前，他给一直指导自己的老师打了个电话。“这个时代和浙大研究生或可确保你温饱，那么这个年龄应该让理想、初心、抱负之类的词填满青春。”老师的话，他至今都还记得。

一个午后，走过竺可桢老校长的雕像、启真湖和求是鼎，他毅然决定将行囊里的书香融进稻香，用泥土书写青春。

村里来了个研究生：“估计是犯了错，发配来的吧？”

刚到村里，村民说：“一个浙大研究生，怎么会到我们村里来？还是浙大的，估计是犯了错，发配来的吧？”赵赟还是笑笑。回到办公室，

2015年8月，赵赟在调解一起山林纠纷（右四为赵赟）

他梳理了自己眼前的“三座大山”：方言、民情、融入。

在主动学习中过“方言关”。对刚入职的赵赟而言，方言是最大的挑战。第一次召开村民代表会议，结束时，他的笔记本上只写了“周二，小雨”几个字。为了学好方言，他用背诵英语单词的方法把常用方言翻译成普通话，贴在显示器上，每天上班练几遍。此外，他还“强迫”周围的同事日常用方言与他交流。现在，他已能用方言和村民打招呼、寒暄了。

在走村入户中过“熟悉民情关”。民情是开展各项工作的基础，赵赟一有功夫就在村里转，晚上回到办公室，把走访的情况整理成民情日记，再在地图上标出党员户、低保户、五保户、重点人员户等，就制成了一份份民情地图。“一来和大家混个脸熟，二来落实政策有依据。还有，只有熟悉民情，才知道谁的话更可信，远离民情就意味着远离真理。”赵赟在自己的走访日记中这样写道。

在服务群众中过“信任融入关”。村民反映污水横流问题，他第二天就和村干部、乡干部实地查看，最终申请到30万元资金修缮村内背街小巷解决这一问题。为抓好重点工作的落实，他组织带领党员群众500余人次投身“五水共治”“三改一拆”等工作。村里晚饭后常有人打牌，因此他策划举办了首届“趣味运动会”，丰富了村民的文化生活。在2013年的村级组织换届选举中，他以高票当选村党支部副书记。

2年后，庆元县开辟“人才引进”绿色通道，凭借优秀的表现，他被调至濛洲街道，担任党政综合办副主任（主持工作）。

两次获全省一等奖：让政策理论走进田野乡村

和在学校看文献、做实验、写学术论文不同，学习传达上级精神，起草讲话稿、会议报告，解决村民在盖房、子女读书、入党、医保等方面遇到的问题，以及给党员上党课成了赵赟工作的主要内容。他的服务对象，在年龄上，上至80多岁的老人，下至刚出生的新生儿；在学历上，村里有学成归国的留洋博士，也有只读了几年小学一辈子没出过远门的村民，这给赵赟带来了不小的挑战。

要让老百姓看得懂、听得懂政策和文件，不是件容易的事。一方面，他搜集党员感兴趣的话题，听取他们的意见；另一方面，他深入学校、社区、村、宗教场所等进行宣讲，积累经验。通过努力，他总结出一些心得：给党员上课，公布反面案例，大家听得认真；召开村民代表会议，充分的准备、严格的会议纪律很重要；讲政策，要重点讲能给村民带来什么利益；遇到上访的，倾听比解释重要，做朋友比做答复重要；讲理论，要结合村里和自身的实际，要讲故事，大家才感兴趣。

讲故事，以小见大，一直是赵赟开展基层宣讲的鲜明风格。2016年，在浙江省第七届微型党课大赛中，他以全场最高分获得一等奖。2017年，在全省“我最喜爱的习总书记的一句话”主题宣讲竞赛中，他又以全场最高分获得浙江省主题宣讲大赛一等奖。2018年，他的宣讲教案被省委宣传部列入全省基层宣讲精品教案出版，并获“丽水市基层宣讲名师”称号。

“这个时代就是最硬的后台，真才实学才是最可靠的大树”“一份工作一旦注入理想，也就成了一份事业”“坚守，是立志做大事而非当大官，是在待遇面前把利益看淡，把人生看远”“我对村情越了解，狗叫的就越少，我成了一名‘狗不叫’村官”，这些幽默又引人深思的经典语句见证着他的成长。

2014年年底，在浙江大学首届学生节“求是学子的家国情怀与责任担当”论坛上，赵赟以基层校友代表应邀出席，并分享了他的经历。此外，他还先后多次回到母校，同农学院、竺可桢学院的师弟师妹交流基层工作心得。

2018 年 12 月，赵赟作为基层校友代表回校参加座谈会

“多到村里走走，关注村民提出的问题，多和乡镇干部、村干部、村里的能人交朋友，他们的智慧是政策最好的补丁，宣讲最重要的不是嘴，而是实干的大脚和思考的大脑。”在给宣讲员培训时，赵赟总结并分享了自己的宣讲心得。

探索基层治理改革：改不了爱做试验的“毛病”

在淤上乡时，赵赟担任组织委员，负责组织、宣传、乡镇考核、村干部管理等工作，还负责联系两个村。在落实工作的过程中，每个小问题都能引发他深深的思考。

国家“一号文件”发了那么多年，为什么农村的人越来越少，懂农业、爱农村、爱农民的年轻人并不多？从刚入职的年轻人到临退休的老干部，为何想着集体“逃离”乡镇的越来越多？基层党建和中心工作如何结合？哪些因素影响着中央政策落实到村里的效果？“富人治村”和

“穷人治村”，孰优孰劣？基层政府的“运动式治理”和制度化建设如何平衡？

随着对这些问题的思考不断深入，赵赟也一直在尝试着一些基层试验。比如，在农村党员发展中，他注意到，部分支部发展党员存在家族化倾向，这在一定程度上影响了党员发展质量，并可能会通过换届选举影响基层治理现代化进程。为了把优秀分子更顺利地吸收到党内，他在县里政策的基础上，借鉴读研期间做实验所采用的流程控制方法，结合实际设计了一套操作标准。通过3年的试验和努力，取得了明显效果。

淤上乡近些年发展党员（吸收积极分子、确定发展对象、接收预备党员以及预备党员转正）基本是满分满票通过。入党积极分子修路、造桥、志愿服务村民、积极投身村务的好故事不断涌现，全体党员队伍的组织力、凝聚力显著提高。2018年，淤上乡创建省级卫生乡镇只剩最后一次机会，在天气炎热、人手和经费不足、环境基础薄弱、整治面积大的不利条件下，赵赟带头组织全乡党员连续几天集中攻坚，累计义务投工投劳1200多人次，节省开支20余万元，最终成功通过“创省卫”考核。2019年，为推动全省重点工作——小城镇环境综合整治，淤上乡全体党员投身项目建设、政策落实，最终该乡被评为省级样板乡镇。上述这些试验引起了省级和国家级智库的关注。

“把行囊里的书香融进稻香，把青春的梦想写在乡村振兴的热土上。在村里，读懂基层，读懂中国。”这是赵赟朋友圈的最新动态。

采访小记

在对赵赟的采访中，可以深切感受到赵赟对于工作的热爱和执着。对于来到浙江最为偏远的庆元，赵赟毫无怨言，他学方言，走基层，和每个乡亲从陌生到熟识，完完全全融入庆元。他与妻子都是浙大毕业回归基层，两人相互鼓励、相互支持，选择在泥土地里挥洒青春，希望利用自己的知识和特长，投身基层治理，助力乡村振兴。因为“不敢抹黑浙大研究生的名头”，赵赟现在越工作越有劲，他希望能为一个地方的发展做些事情，为系统解决当前基层治理的某个问题做些尝试，他期待看到一个农业高度发展、乡村全面振兴的美好画面。和赵赟的交谈，让我也对未来有了一些新的感悟：这个时代，不仅需要独善其身，更需要有人兼济天下，为中国未来的发展担当起自己的使命。

采访时间：

2019 年 4 月 7 日

采访及撰稿：

张璇　风景园林专业 2018 级硕士研究生

李雪松　风景园林专业 2018 级硕士研究生

图片来源：

赵赟

冯伟辉

扎根西藏基层，持续历练成长

冯伟辉，浙江省台州市临海市人。2017 年本科毕业于浙江大学教育学院公共事业管理（体育）专业，是浙江大学高水平篮球队的成员之一，表现优异，获得过多项国家级、校级篮球比赛冠军。毕业后主动选择西藏自治区基层工作，目前就职于日喀则市白朗县委组织部，担任党建办工作人员。入职后还曾作为代表参加了十九大精神宣讲会和第十二届西藏全区运动会。

有人说，西藏是一个神话、一段传说、一片圣土，也有人说，西藏是时光暂停的香格里拉。布达拉宫、珠穆朗玛峰、纳木错、羊卓雍措、大昭寺等雪山圣湖和名胜古迹，都是无数人心驰神往的地方。但有多少人想过，有朝一日到这里长期工作和生活?

有这样一位刚刚走出大学校园的热血青年，他用实际行动给出了自己的答案——他怀揣梦想，远赴西藏，用青春的力量为西藏的建设添砖加瓦；他初心不改，行动不止，让青春之花绽放在祖国最需要的地方。他就是浙江大学教育学院2017届本科毕业生——冯伟辉。

是情怀也是责任

在被问到为什么想到西藏工作时，冯伟辉毫不犹豫地给出了答案——为了家国情怀。这位浙江大学校篮球队的主力球员，因为比赛的原因去过很多地方，但从来没有去过西藏。西藏这个地方对他而言有着特别的吸引力。因此，为了能亲自踏上那片令人神往的土地，为了积极响应“到祖国最需要的地方建功立业”的号召，冯伟辉毕业后毅然决然地踏上了去西藏工作的旅途。“我希望去到当地，深入了解西藏人民的生活，希望自己能为社会做点力所能及的事情，这一直是我的梦想。”冯伟辉在接受采访时坚定地说。

通过访谈不难了解，其实在毕业前，冯伟辉也和不少临近毕业的学生一样，“想着找个稳定舒适的工作，业余的时候找三五个好友打篮球，舒舒服服或者庸庸碌碌地度过一生”。但后来在参加校园招聘过程中，他了解到了西藏地区对东部优秀人才的渴求和国家对高校毕业生到西藏就业工作的重视与号召，“对我来说，去西藏一直是我的梦想。后来通过各种途径的了解，更加加深了我对这片土地的兴趣，也更加坚定了我去西藏工作的想法”。由此，冯伟辉决定积极争取成为一名西藏地区的公务员。怀着对西藏的热爱与向往，他踏上了为实现梦想而翻山越岭的漫漫征途。

践行这一目标的过程并不总是一帆风顺的。在去西藏之前，冯伟辉毅然决然地拒绝了留校工作的机会，离开了熟悉的家乡和触手可及的“舒适区”，只因为选择了不一样的人生。为了能够到西藏工作，冯伟辉还需要通过层层严格的面试、体检和培训等环节。特别是在体检的时候，他的身体条件被检查出不太适合在海拔高的西藏地区生活，但冯伟辉并没有因此放弃，而是向高中和大学时期的篮球教练寻求帮助，在教练开具一系列身体健康证明之后，他终于被录用了。“永远不要轻易对梦想说‘不’，不忘初心，方得始终。”冯伟辉这样说道。

经常听人们说，到西部去需要努力适应艰苦的条件、恶劣的气候。但幸运的是，到西藏以后，冯伟辉的身体状况一直良好，甚至都没有产生任何的高原反应。冯伟辉表示对目前的生活状态很满意，丝毫不后悔来到这片温暖圣洁的土地。

基层工作最锻炼人

目前，冯伟辉在西藏自治区日喀则市白朗县委组织部党建办任职，主要负责基层党组织八个标准化的内容、材料的撰写等文字工作。之前在西藏自治区日喀则市白朗县杜琼乡人民政府工作时，他主要负责扶贫攻坚、文秘等工作。冯伟辉说，刚开始到西藏时，他还略微有点不适应，但这里的人都很热情质朴，很多时候会帮助他处理好生活上的小事，让他没有后顾之忧，所以“拎包入住”完全没有问题。而且，当地领导很重视他的职业生涯发展，会细心地教他公文的撰写格式，会耐心倾听他对于当地政策的看法，让他能发挥自己的专长。

为了让自己更加精通业务，在工作中尽快上手，冯伟辉付出了极大的努力。特别是在写材料方面，冯伟辉每天晚上都会抱着前辈写过的材料认真通读，寻找其中的共性，总结其中可供参考借鉴的写法，让自己撰写材料的水平不断提高。“我觉得既然来到西藏，选择做公务员这个职业，就要把自己的才华或者能力用在造福一方百姓上面。我晚上、周末和节假日通常都在办公室度过，或许这就是我的努力吧。”冯伟辉诚恳地说道。

此外，冯伟辉表示，除了工作能力的提升，他还收获了满满的成就感。“当自治区组织部部长来我县阿亚村检查标准化建设、日喀则市组织部部长来我县阿亚村检查标准化建设、全市十八个县区组织部部长来我县阿亚村进行参观检查时，自己撰写与设计的参观手册、展板、参观路线、计划方案等一系列材料都发挥了很好的作用，在现场会中没出一点差错，让我觉得蛮骄傲的。”有了这份成就感，冯伟辉在日后的工作中更是动力十足，充满热情。

在完成本职工作之余，冯伟辉还会跟随乡党委书记下乡考察，记录贫困户的生活，思考能用什么政策去帮助他们。他也会在秋收的时候帮助当地的农民一起干农活。有时书记还会贴心地为他准备食物，不让他饿肚子。冯伟辉说，就是这些微不足道但饱含深情的事情，让他更加热爱这片土地。

在调研考察工作中发生了许多难忘的故事。例如，有一次冯伟辉跟随部长下乡检查，发现乡民们的房子都是用草皮盖起来的，吃的都是一种叫“水怪”的东西，生活条件十分艰苦。这一情况在冯伟辉心中留下了深刻的印象。在实地考察了解情况之后，部长语重心长的一番话更是

看望日喀则市白朗县基层困难户

让他久久不能忘怀。部长对他说："一定要做好党建工作，让党建促进当地产业的发展，让贫困户党员紧紧地团结在党的周围，跟着党走。"这些话让冯伟辉感觉自己身上的担子沉甸甸的，也更加坚定了他通过自己的努力提高乡民生活条件的想法。通过这件事，冯伟辉感受到了自身的价值并明确了未来的工作目标，对自身的工作性质有了更加深刻的认识。

在日喀则市白朗县委组织部向副部长汇报工作

踏实勤恳铸就自我成长

一年的工作，有苦有乐。作为一名缺乏经验的职场新人，在工作中碰到的可能大多是阻力、是困难，“但是通过部长、副部长和主任的细心教导、指导，现在工作中碰到的阻力和困难越来越少，对复杂烦琐的党建工作也干得越来越得心应手，一切都在往好的方向发展”。冯伟辉表示，通过基层锻炼和领导同事的帮助，他对自己未来在西藏的工作生活越来越有信心。

在谈及工作一年以来自己的具体变化时，冯伟辉认为自己在处理事情上比以前更加成熟，做什么事情都能够沉下心来，而且来西藏之后更能耐得住寂寞。回顾这段时间的成长和收获，冯伟辉毫不犹豫地说：“来西藏工作一年之后，我更加深刻地体会到了我们浙大青年应该承担的责任和使命。我们身为浙江大学的学子，应该要有艰苦奋斗、突破自我的勇气和不负青春、担当时代重任的抱负，努力承担起建设祖国的一份责任，投身到祖国最需要的地方去。”此外，冯伟辉还简单地总结了自己工作后最大的感触：“要用自己的光和热去温暖身边的人。在西藏，你能感受到那些贫困户是那么需要被关怀。”

最后，冯伟辉还有一些想对学弟学妹说的话：“在刚出学校走上工作岗位的时候，人人都会遇到或大或小的挫折、困难和不顺心的地方。面对这些问题，不要只想着逃避，而是要迎难而上。‘海纳江河、启真厚德、开物前民、树我邦国’是我们浙大的精神。作为浙大学子，我们应该走入社会，深入基层，在实践中加深对党情、国情、世情、民情的了解和把握，去触摸中华大地上的每一寸热土，去感受平凡世界里的每一点成长。西部的环境没有青年学生想象得那么艰苦，正相反，这里的蓝天白云、这里的笑脸，一定会让你觉得不虚此行、不枉此生。来到西藏，保持一颗平和的心态，重视身体锻炼从而保证一个健康的体魄，保持自己的初心，再加上勤奋努力就足够了。希望大家都能趁着年轻发挥自己的作用，做一名伫立于时代潮头、追求新知和勇于担当的有为青年。”

冯伟辉的故事告诉我们，工作中需要有坚韧不拔、吃苦耐劳、面对困难迎难而上的精神，以及“俯首甘为孺子牛”的信念，并始终坚信“办法总比困难多”，这些是为人民服务所必需的，也是每一位初踏上社会的青年所要学习的。

采访小记

早在采访前就对冯伟辉学长的事迹有所耳闻，采访后更加深入地了解了学长的求职过程，尤其是他为了进藏工作所付出的超凡努力，内心颇受感动。由于身体原因和一直以来的高水平运动员训练生涯，冯学长一开始被诊断为不适合进藏工作。但他没有放弃，不断调整自身的身体素质，也寻找了多种途径表明自己坚定的进藏意愿，最终如愿成为西藏日喀则一名基层工作人员。而在入职之后，学长对自己的高标准、严要求，也令人印象深刻。采访结束后，耳边一直萦绕着学长的一句话：“永远不要轻易对梦想说‘不’。不忘初心，方得始终。”学长的亲身经历也启示我们所有在校生，要扎实学习，用心实践，做爱国、立志、求真、力行的新时代青年。

采访时间：

2019 年 3 月（线上采访）

采访及撰稿：

陶佳惠　高等教育学专业 2018 级硕士研究生

图片来源：

冯伟辉

胡辉勇

一名从浙大求是园走向江西基层的博士选调生

胡辉勇，1991 年生，江西南昌人，中共党员。浙江大学电气工程学院 2017 届博士毕业生，江西省首次定向浙江大学的唯一博士选调生，南昌市投资促进局主任科员。2008 年考入浙江大学，2009 年进入电气工程学院电气工程及其自动化专业， 2012 年本科毕业并保送浙江大学电气工程学院直接攻读博士学位。曾担任电气工程学院系统所博士生党支部书记，浙江大学 2017 届选调生全国总联络员、浙江大学 2017 届选调生江西省联络员。目前在南昌高新技术产业开发区麻丘镇挂职锻炼，担任党委副书记，蹲点鲁溪村（全国文明村镇）。

坚实工作基础，立志学成报国

2008年8月，胡辉勇考入浙江大学。当他第一次走进紫金港校区时，门口竺可桢老校长的“两问”映入眼帘：诸位在校，有两个问题要自己问问，第一，到浙大来做什么？第二，将来毕业后做什么样的人？面对这两个问题，如今的他给出了自己的回答：“在浙大求是园四年本科、五年直博的九年求学生涯，是我青春中最美好的时光，在这最美好的时光里，‘求是创新’的浙大精神哺育了我；十年前我从江西红土地走来，切身体会了‘干在实处，走在前列’的浙江精神，作为江西省首次定向浙江大学的唯一博士选调生，2017年毕业后，我离开浙江，回归家乡，潜身江西基层。作为一名人民的公仆，我投身赣鄱大地发展的滚滚浪潮中，为江西红土地的发展添砖加瓦。”

胡辉勇博士毕业留念

不畏艰难险阻，砥砺奋进人生

契诃夫曾说：困难与折磨对于人来说，是一把打向坯料的锤，打掉的应是脆弱的铁屑，锻成的将是锋利的钢刀。

本科毕业之际，胡辉勇凭借优异的成绩获得了免试保送直接攻读博士学位的机会。提前进入实验室时，导师交给他一项全新的课题，并交代他搞懂后教会实验室的师兄弟们。为了做好这项课题，胡辉勇放弃了本科毕业后的假期，在毕业典礼结束七天后便回到学校，一头扎进科研。然而，两个月过去了，课题却毫无进展，这样的打击让他对自己的能力产生极大怀疑，甚至一度产生了休学、退学的念头。所幸的是，最后他没有选择放弃，而是选择了继续坚持。在及时与导师和家人沟通自己的状态并获得支持后，他从最基础的知识重新学起，扎扎实实一步一个脚印。同时，他阅读《毛泽东选集》《蔡元培全集》《中国哲学简史》等大量人文社科类书籍，极大地丰富了个人的精神世界。经过两年的沉淀，胡辉勇成功克服了诸多困难，实现了从本科生到博士生的蜕变；并应导师的要求，在实验室全体同学面前做了一场专题报告，用一份99页的PPT详细阐述了自己两年间的科研实践，获得了大家的盛赞。博士毕业时，他的论文、专利等科研成果已经多达毕业基本要求的两倍之余。回首这段求学生涯，他说："正是博士期间的困难，让我认识了自己，意识到自己能力的局限，更学会了克服能力的原有局限性的方法；面对困难，不应轻易放弃，越努力就越能收获成长。"

扎根中国大地，拥抱家国梦想

被问及为何会选择到江西去当选调生时，作为浙江大学2017届选调生全国总联络员、江西省联络员的胡辉勇如是说：“江西是我的家乡，目前它离东南沿海发达省市还有很大差距，因此亟须人才的回归。我希望我的回归能够带动更多优秀人才来江西工作。同时，选择回家乡去、到基层去，不只是我一个人的选择，而是2017届213余名浙大学子的共同选择。”

据悉，2017年，浙江大学共有213名优秀本科生、硕士生和博士生选择了选调生事业，奔赴全国各省市基层工作。其中，有放弃留学英国伦敦政治经济学院的湖南选调生周梦竹，有放弃进入国家部委而选择到脱贫攻坚一线——吕梁的山西选调生牛浩宇，还有远离东南沿海家乡而选择到西北内陆下基层的陕西选调生宋明亮……这213名学子都有一个共同的身份，那就是“浙大人”。

胡辉勇与吴朝晖校长合影

浙大的前身“求是书院”诞生于国家和民族的危难之际。抗战期间，浙大文军长征为国家和民族保存了知识的火种；社会主义建设期间，浙大又为国家和民族培育了大量的社会主义人才。从始至今，浙大都与国家和民族的发展密不可分。2017年，浙江大学迎来了它的120周年华诞，吴朝晖校长在校庆期间郑重地向全世界宣告：浙大，决不培养精致的利己主义者；浙大人，要做与国家、民族同呼吸共命运的人。浙大人的这份家国情怀一直在传承，2017年的213名和2018年的302名选调生接下了这份责任与担当，把“求是创新”的种子撒向祖国广袤的基层。

在基层中锻炼，从基层中收获

博士毕业后，经过在南昌市投资促进局短暂的跟班学习和井冈山的岗前培训后，胡辉勇便在南昌高新区麻丘镇开展基层锻炼。

谈及基层工作，胡辉勇有着深刻的理解。在浙江大学2017届赴基层就业毕业生欢送大会上，作为选调生代表的他在发言中说道：“理论来源

历史性成就彪炳史册 新时代蓝图催人奋进——来自基层蹲点现场的报道

胡辉勇收看十九大开幕式直播

于实践，也应为实践所检验；基层工作是最丰富、最生动的实践，是检验求学二十余载最好的试金石。”

虽然目前只在乡镇工作了一年多，但他已经积累了不少基层经历，有着党群、组织、宣传、精神文明、征地拆迁、安置房建设与分配、农村经营管理、村级产业建设、招商引资等多项工作的经验。

刚到乡镇工作时，组织上安排胡辉勇分管党群、组织、宣传、党史、老干部、老龄、精神文明、工会、团委、妇联、对台、统战、侨务、宗教及招商引资等15项工作。为了尽快熟悉工作，他吃住都在镇里，经常到党政办与夜晚值班的同事们畅聊工作和生活，诚恳地接受同事们的教育和帮助。

他始终坚持在实践中增长才干的原则，积极参加党委中心组的学习，认真学习党的十九大精神，先后两次组织专家教授下基层进行党的十九大精神的大型授课，指导鲁溪村获评“全国文明村镇”荣誉称号；顺利完成镇团委及18个村（社区）团支部换届选举，荣获“南昌市2017年度全市优秀共青团干部”荣誉称号，带领32名镇机关干部参加区级诗歌朗诵比赛并获得二等奖。2018年，正值全国农村“两委”换届选举工作，他积极主动，全程参与全镇18个村（社区）党支部和村委会的换届选举工作，并顺利地指导完成全国文明村镇鲁溪村的换届选举，为鲁溪村配齐配强了村两委班子成员，为鲁溪村的经济社会发展选好了压舱石。

经历了基层工作初期阶段的胡辉勇这样说道：“我深刻认识到，作为刚出校门到基层工作的选调生，要想得到领导的认可、同事的肯定，只有努力做好领导交办的每一件事，在做好分内工作的同时还要积极锻炼，当全镇的中心任务来临时我都积极参与。”当前麻丘镇处在南昌高新区征收安置的最前沿，工作任务重、时间紧，胡辉勇便主动向镇党委政府请

胡辉勇（左四）指导参与麻丘镇鲁溪村
第十届村民委员会换届选举

求，要求分管征地拆迁、安置房建设、安置房分配、农村经营管理等工作。这几项工作虽然难度大、资金多、风险高，但与人民的切身利益最贴近，特别能锻炼人。为了妥善推进工作，他在向领导、同事虚心请教的同时，深入全镇各村一线，和村干部一道走村入户宣讲政策，并动员村民积极配合政府拆迁和三资清理，得到了群众的真心拥护。其中，鲁溪村章家自然村仅用2天时间便顺利完成全部73户的征收丈量工作，航空城明渠用地和钢材市场用地涉及的83棺坟墓一个早上便完成迁移，拆迁工作得到了人民的拥护，拆迁成果得到了镇领导的高度认可。

除了征地拆迁等工作，胡辉勇也很重视乡村精神文明建设。“家是最小国，国是千万家”，家庭是国家中最小的单元，是社会的细胞。一个家庭有了好的家风，这个家庭就会和睦、团结；千万个家庭有了好的家风，整个社会就会和谐、有向心力，由此，我们这个民族和国家就有了凝聚力。为了评选出真正的优秀典型，胡辉勇与同事一道，在各村推荐提名的基础上，严格政治审查（公安、计生、纪检、城管审核），逐户上户调查，秉着“好中选好、优中选优”的原则，历时3个月不断挖掘优秀家庭的典型事迹，拍摄成宣传片。最终，他们成功地举办了麻丘镇2018年度“三风”榜样人物暨第二届“好家风、好家规、好家训”身边的最美家庭颁奖典礼，被中国文明网、《南昌日报》、南昌电视台等多家媒体争相报道。

胡辉勇（右一）参加麻丘镇2018年度“三风”榜样人物颁奖典礼

“宰相必起于州部，猛将必发于卒伍”，基层是锤炼干部的良好平台，在基层工作的收获也必定能使干部在今后的工作道路上心怀百姓、务实为民。

胡辉勇殷切期望，未来有更多的青年才俊，做出同他一样的选择：选择选调生事业，选择到基层去，选择到祖国最需要的地方去，为实现中华民族伟大复兴的中国梦贡献自己的青春与才智！

采访小记

通过和胡辉勇的交谈，我深刻地体会到了他自然流露出的对建设家乡的真挚和热切。在说到自己在浙大的成长经历时，胡辉勇提到最多的是他在不同阶段对竺可桢校长“两问”的不同回答：从刚入学时的“学习知识，增长才干”，到选择直博时的“扎实专业，求是创新”，再到选择成为一名基层选调生时的“扎根基层，干在实处”，他对到浙大来做什么、将来毕业后做什么样的人有着逐渐深入的理解。“从家乡来、回家乡去，回报家乡、建设家乡”，胡辉勇的回答坚定而诚恳。他很谦虚，对于采访时我流露出的钦佩和赞赏都只摇手说不，说这是他应该做的。从他的言语中，我感受到他对这份基层工作的热爱。

在说到这一年来所做的工作时，胡辉勇如数家珍，甚至连众多参评家庭的姓名也能一一道来，他的那股“认真劲儿”让人印象深刻。祝愿他在基层工作顺利，不忘初心，为基层人民带来更多幸福和收获。

采访时间：

2018 年 10 月（线上采访）

采访及撰稿：

陈页　电气工程专业 2018 级硕士研究生

图片来源：

胡辉勇

求是创新　多元使命

浙里学成归来，笑指职场江山。有这样一群浙大人，他们不忘初心，砥砺前行，拥有一条路走到底的坚强毅力；他们热情饱满，生活多元，拥有挑战职场艰辛的无畏勇气。他们或成为世界知名公司的商业合伙人，或成为专业领域的创业投资人、金牌律师、记者、制片人或高级经理。光鲜亮丽、西装革履，常人眼中的商业精英背后却是共同的求是精神——求是创新，脚踏实地，用自己的专业知识在各行各业大显身手。铭记“求是创新”浙大校训，职场中的浙大人用自己的行动和热情阐述了别样的家国情怀。他们充满执着、精益求精且精雕细琢，他们敬业专注、别具一格且追求卓越。这样的人生，充满乐趣与挑战，因为多元而精彩。四校合并 20 年来，浙江大学培养出了一批批这样的职场精英、行业楷模，倾听他们的择业故事，感受多元生活的精彩，或许能为你的前行道路点亮一盏明灯。

羊 毅

力学笃行求真务实，埋头苦干梦圆航空

羊毅，回族，四川三台人，教授级高级工程师，第十二、十三届全国人民代表大会代表，航空工业光电所副总工程师，中国光学工程学会理事，航空工业光电专业特级专家。1989年年底至今就职于航空工业光电所，其间（1998年3月—2001年3月）就读于浙江大学光电系，获光学工程专业博士学位。荣获部级科技进步一等奖1项，省部级科技进步二等奖5项，授权国家、国防发明专利9项，出版专著2部。2003年，作为青年技术骨干晋升为教授级高级工程师，荣获第七届河南省青年科技奖，被评为河南省优秀青年科技专家。先后当选市、省、全国人大代表，履职尽责20余年；还曾当选中国妇女第九次代表大会代表。

既是科研人员，又是人大代表，羊毅的心里装着太多的责任与期望。羊毅说，我们科研人员心中的“航空强国”就是把核心技术、核心器材做到自主可控，让更多的国内外客户都愿意使用中国航空制造。要做到这一点就要靠科研人员的实干，随着国家“要让科研人员‘名利双收’”相关政策的逐步实施，各类科技英才竞现、创新成果泉涌的大好局面必将到来。

不忘初心，有舍有得

受到父亲的影响，羊毅从小就萌生了要成为一名航空科技工作者的梦想。在本科学习阶段，她选择了物理专业，因为成绩突出，1986年被系里推荐参加中美联合招考的物理研究生项目（CUSPEA）考试。尽管羊毅是她所在大学参加初试的六人中唯一通过考试的学生，但此时儿时的梦想已变成了青春的理想，最终她放弃了继续参加CUSPEA考试以到美国留学的机会。后来，在即将毕业时，羊毅又获得保送到兰州大学攻读物理专业硕士的机会。但她认为，既然已下定决心选择航空工业作为自己的未来职业，就应该尽早地系统学习航空装备研发所需要的专业知识，于是她最终选择到当时的中国航空航天研究院攻读工学硕士学位。带着儿时的梦想、青春的理想，从此开始了为国家航空事业而奋斗的旅程。

为航空事业艰苦奋斗三十年

在羊毅刚参加工作不久，就爆发了海湾战争，我国机载光电装备研发随即也步入了快车道。当时我国的光电技术储备还十分薄弱，航空工业光电所某重点工程引进建线，急需大量既有专业知识又会俄语的专业人才。1996年，所里决定在各基层部门抽派青年技术骨干到西北工业大学学一年俄语，然后消化吸收全是俄语的生产线资料，羊毅也在被抽派的人员之中。两年中，作为班长，她带领全班30个毫无俄语基础的青年技术骨干，不仅全部以优异成绩完成了俄语学习，而且翻译、消化了全部的俄语关键技术文件，为型号研制奠定了基础，她也系统地掌握了机载光电雷达的设计与工艺。其后，在自主创新设计阶段，她带着研发中的困惑在母校浙江大学一边攻读博士学位，一边做设计计算及原理试验。2001年年初，她获得博士学位，考虑到光电所光电专业技术人员十分短缺，课题又十分繁多，正是用人之际，她便放弃了继续从事博士后研究的机会，毅然挑起了更加繁重的科研重担。就这样，她由专业组长、研究室主任到副总工程师兼创新中心技术总监，承担起独立运行北京技术创新中心的责任。献身航空工业近30年，她取得了一个又一个的科技创新成果和荣誉称号。

以“专业精神”打造航空精品

航空工业，作为我国工业皇冠上一颗璀璨的明珠，是国家装备制造业综合实力的一个体现，事关综合国力和国家安全。一个新原理、一项新技术，要转化为一个新产品、一型新装备，通常需要10～15年的时间，需要经过数十次甚至上百次的试验验证，每一步都被称为“惊险一跃”。刚参加工作的前几年，作为所里第一个激光专业的硕士研究生，羊毅责无旁贷地承担起了对激光编码技术的原理及试验进行研究的重任。由于没有经验可以借鉴，为了验证一个设计、一项工艺是否正确，她经常工作到深夜。她全身心地投入工作中，夜以继日地“泡”在实验室里，奔波在试飞现场风吹日晒，付出比常人更多的努力。就这样，在基础应用研究、国防预先研究和型号研制阶段，她度过了无数的不眠之夜。十年磨一剑，2007年，她的研究成果终于转化成了国防装备，她也因此荣获工信部授予的国防科技进步一等奖。

说到国防科技研发及航空装备制造业，可能每个人都会联想到“深奥”“烦琐”“重复”这些词语，但是，在近30年的工作中，她却甘之如饴。直到现在，她面对每一项科研任务时的创新激情和认真态度仍一如当初。其实，她的想法很简单，那就是要严守设计规范、工艺纪律和试验流程，把产品做得好一点儿、再好一点儿，这或许就是目前国家大力弘扬的专业精神和工匠精神吧！就这样，羊毅用自己的专业精神，打造出了一个又一个的航空精品。羊毅谈道：“在工作中，有时也会感觉到很累，但也充满了奋斗和成功所带来的喜悦。”当然，要完成一个航空装备制造，以个人之力是几乎不可能做到的，因而需要团队的协同创新和共同努力。随着经验的积累和能力的提高，羊毅承担的科研任务越来越繁重：从最开始负责一个小部件，到负责组件、分系统、整个系统。“这其中每一项工作都至关重要，容不得半点马虎。”羊毅说。

从仿制到领跑，航空工业在路上

“改革开放40年来，特别是党的十八大以来，我国航空工业取得了跨越式的发展，从望尘莫及到望其项背，从跟跑到部分并跑，日前在某些细分领域已开始向领跑迈进，处于国际领先水平的状态。”羊毅自豪地说道。她接着讲述，从1996年珠海航展上我国航空工业的落后面貌，到2018年珠海航展上我国航空工业百花齐放的空前盛况，足见在这短短22年的时间里中国航空工业所取得的进步之大。在2018年珠海航展上，集众多先进技术于一身的歼-20战机，在飞行表演中打开了巨大的内置弹舱，向世人展示了它可携带多种精确制导武器进行精准打击的能力；安装了矢量引擎的歼-10B战机，在飞行表演中展示了极为强大的空中机动能力，矢量发动机是一种极为先进的航空动力系统，可以依靠尾喷管偏转而使战机获得不同方向的推力。

她充满深情地说："正是我们40多万航空人励精图治地坚守和无私奉献，才造就了我国航空工业的领先地位。"在可见的将来，中国航空产业也将继续保持着迅猛的发展势头，并以世界顶级水平为目标砥砺前行。

机会留给有准备的人

羊毅能当选第十二、十三届全国人民代表大会代表，与她的辛勤努力和卓越成绩是分不开的，却也带有一定的偶然性。20世纪90年代末，羊毅当选洛阳市人大代表就是一个偶然的机会。根据洛阳市人大代表结构比例要求，航空工业光电所需要推选一名女性、少数民族、无党派、优秀青年科技人员作为候选人。凭借刚参加工作前几年的突出表现，她在同龄人中就很自然地脱颖而出了。羊毅也不负重托，本职科研工作与人大代表履职相互促进，相得益彰。于是，后来她又先后当选了河南省人大代表、全国人大代表，履职尽责20余年。羊毅说，不管做什么，都要用专业精神去打造精品。

"随着社会角色越来越多，怎么平衡本职工作和社会角色之间的关系，是需要思考的一个首要问题。"人大代表是一个非常好的平台，代表们都是各个行业的精英。谦虚好学的羊毅从身边的其他代表身上学到了很多，不管是个人能力、处事方法还是个人眼界，都有所进步和开阔。所谓"三人行，必有我师焉"，羊毅这种"走到哪学到哪"的品质值得我们年轻一代学习。

羊毅参加第十三届全国人民代表大会第二次会议

“在青春美好的年华，要学习，要努力奔跑、努力奋斗”

谈到对大学生的寄语，羊毅毫不犹豫地说：“在青春美好的年华，要学习，要努力奔跑、努力奋斗。”这正是羊毅成长经历的真实写照。她认为习总书记的“幸福都是奋斗出来的”这句话说到了她的心坎儿上——在她看来，奋斗就是实干，实干则是成就事业的必由之路。确实如此，人们常常讲要学会抓住机遇，但首先我们要通过自身努力使自己具备抓住机遇的能力。如果我们多努力一点，就能比别人做得好一点，那么面对机会，我们就有更大的可能抓住它。羊毅也谈到，女性在走向社会时确实会面临更多的挑战。因此，她呼吁社会要给女大学生、女研究生更加公平公正的成长环境。其实，在我国各行各业的科研一线上有许多非常优秀的科技巾帼英雄，她们严谨敬业、业绩突出，但社会大环境并没有给她们提供与男性平等的成长平台。同时，她也希望女孩子们要努力克服自己的弱点，胸怀更宽阔一些，比别人更努力一些，苦练内功，相信靠自己的努力奋斗总会得到社会认同。

羊毅认为，大学所学到的知识只是为走出校门继续学习打下了一个基础，学位证和毕业证只是获得某个职位的敲门砖。在职业生涯中，重要的是能否克服困难、能否解决问题、能否完成任务、能否做到别人做不到的事，为单位、为国家创造更多的价值。

采访小记

羊毅学姐在毕业后便毅然投身航空事业，并且为了国家航空事业的发展艰苦奋斗近三十年，这种情怀令人敬佩！她说“不管做什么，都要用专业精神去打造精品”，而她自己就做到了这一点。她在大学时就成绩优异，并且不断求知奋进，坚定目标，锐意进取。在成为航空事业科研一线的工作者后，她还是一如既往地埋头苦干。不管是参加工作还是当选人大代表，她都能够抓住机会，脱颖而出。一分耕耘一分收获，每个人的光鲜都是自己努力的结果，她的成就背后，不知有多少的汗水与艰辛。这种“专业精神”+“工匠精神”+“劳模精神”，正是现在的大学生需要学习的。想对自己和身边的同学说：奋斗吧，少年！

采访时间：

2019年3月30日（线上采访）

采访及撰稿：

刘宁　光电信息科学与工程专业 2017 级本科生

图片来源：

羊毅

刘洪庆

祖国终将选择那些选择了祖国的人

刘洪庆，1983年生，河北廊坊人，中共党员。2002年以优异的高考成绩进入浙江大学信息学院信电系信息工程专业学习，2006年进入浙江大学超大规模集成电路设计研究所攻读硕士研究生，2008年硕士毕业后进入中国电子科技集团公司电子科学研究院工作，现为高级工程师、党支部书记。

每个时代的少年都一样，都是追梦人。他们都有着或小或大的梦想并为之不断奋斗。这个过程中，有的人选择了国家，有的人选择了小家。刘洪庆总是说："我只是一个普通人。"但在旁人看来，他远非普通。从浙大信息学院到中国电子科技集团公司电子科学研究院（简称中国电子科学研究院），从"四大天书"到预警机，他的生涯，打上了深深的时代烙印。他的选择，诠释了中国男儿的英雄主义。

热门专业的冷门选择

在人类刚刚跨入新千年之际，信息工程专业的热度不亚于今天的计算机专业。那个年代攻读信电的青年，在毕业后往往选择就职于沿海城市企业的高薪岗位，而刘洪庆却有着别样的追求。

2002年，刘洪庆以省高考前百名的优异成绩被浙江大学信息学院信电系信息工程专业录取。2006年本科毕业后，他进入浙江大学超大规模集成电路设计研究所攻读硕士研究生，在科技道路上继续坚定前行。现在广为流传的"四大天书"并没有给当时的刘洪庆造成太大压力，他专注于自己热爱的专业，攻克着一个个难题，这给他带来巨大的成就感和幸福感。

在学习之余，不同于有些男生沉迷游戏，刘洪庆更喜欢骑着单车游览西湖等杭州美景，他享受着这个一边前行一边思考的过程。在选择社团时，刘洪庆没有加入娱乐或文体类社团，而是参加了浙江大学学生邓小平理论与"三个代表"重要思想研究会，和同学们一起探讨如何将个人发展与党的事业和国家的发展结合起来，这也为后来他从事党建工作打下了坚实的基础。

2008年硕士毕业后，与刘洪庆同届的学生纷纷选择进入上海、深圳的高科技公司，刘洪庆却放弃了这些企业的高薪岗位，毅然决然选择去往位于北京的中国电子科学研究院，投身于国防事业。刘洪庆在提及自己当初的选择时，坦言“这是一个小男孩的圆梦故事”。自小，他就是一个着迷于军事装备、飞机舰船的热血少年。此外，他认识到我国军队的信息化程度还比较低，祖国亟须优秀的信息化专业人才来研发一流的装备，以提高军队的战斗力。因此，在个人兴趣驱动以及对祖国号召的积极响应下，刘洪庆最终选择来到祖国的心脏，做自己最擅长且最热爱的事情，为祖国的建设贡献自己的力量。

专业技能与工作态度并重

从初入中国电子科学研究院参与重点产品的设计定型，然后迅速成长直到能独当一面，刘洪庆凭借出色的个人素质和专业技能，逐步从应届毕业生转变为主任设计师，并陆续参与了诸多重要产品的研制工作。在十年的工作经历中，刘洪庆参与了军品研制立项论证、方案设计、详细设计、试验试飞、设计定型、售后保障、审价报奖全流程，涉及多个军种，着眼总体、分系统两个层面，在各方面都有深入的研究。在某型产品外场试验的攻坚阶段，他曾独自一人牵起整个外场的总体工作，组织协调集团内外多家单位，与用户等紧密配合。全年累计出差近300天，坚持“711”工作制，每周7天，每天11小时。

作为高级工程师的刘洪庆，不只是我们想象中的在办公室里“指点江山、挥斥方遒”，同时还需要钻天线罩、爬机柜、拉电缆、拧螺丝，到最前线从事最基层的工作。刘洪庆说：“搞设计、检测产品性能、给各部分零件分配指标是总体的分内职责，螺丝钉好不好拧，总要自己拧过才知道。作为总体顶层设计人员，如果没有亲身实践，对于自己的设计就缺少切身认识，而这种实地经验的多少直接影响着设计的优劣，进而影响到整体产品在国防中的地位和作用与我国的科技强军发展水平。因此，我们应该脚踏实地，将每一项工作都做到极致。”

在他刚刚参加工作的时候，单位正在进行某重要型号的设计定型工作。由于单位尚未成立专门的文印室，新入院的员工承担起了文件制作任务，他与其他几位“985”高校毕业的硕士具体负责定型文件制作与保障任务。当时很多人对此带有抵触情绪，认为这种简单机械的工作不是他们这些高学历人才该做的事情。而刘洪庆不仅没有抱怨，而且迅速带领大家依照个人兴趣与长处进行任务的分工，并最终出色地完成了文件制作任务。单位同事一提到刘洪庆，都是满满的赞许，“当时我们刚毕业，都心高气傲，很难放低自己去做那种看起来浪费时间的文印工作。只有他，不骄不躁、不卑不亢，组织大伙儿一起把这件事给办成了”。刘洪庆的上级领导说起这件事也点头称是：“更难能可贵的是，他组织大家发挥各自的专长，心细的、手巧的、力大的、勤快的，去完成各自合适的任务，而他自己总是冲锋在前，让大家心服口服。”

从事一项工作时，卓越的能力很重要，积极的态度也很重要，一个人的积极态度不仅体现在他对待热爱的事情上，更体现在他对待不热爱但必定要做的事情上。

科研之外还有重要的事情

全年将近300天的累计出差时间与“711”工作制让刘洪庆的生活变得无比忙碌。但无论多忙，只要母校需要，他都会在自己的计划中为母校挤出时间。在浙大博士代表团赴中国电子科学研究院参观学习座谈会上，刘洪庆作为亲密校友、同门师兄，向师弟师妹讲述自己的心路历程，帮助大家规划未来的职业，号召浙大毕业的优秀学子投身到国防建设事业当中。大家面对10年前毕业的师兄，毫无紧张感，畅所欲言。刘洪庆则更像一个大哥哥，热情对待每一个师弟师妹。后来几位参会的博士，以及校内其他有意愿投身国防军工行业，尤其是希望到中国电子科学研究院参加工作的同学，都得到了刘洪庆的悉心指导。这次交流会为求贤若渴的单位招来了紧缺人才、提高了企业知名度，也为学校增强了影响力、促成了学生就业。

刘洪庆还是一名兼职党务工作者。作为党总支委员兼分支部书记，他秉承“在其位、谋其职、尽其责”的理念，积极投身党建、扎根党建。当科研任务与党建工作冲突有矛盾时，他充分利用休息时间，做到科研党建“两手抓、两手都要硬”，保质保量按时完成任务。

除此之外，刘洪庆还负责单位重点型号产品和典型任务的讲解工作。他的解说生动形象，屡次获得各级领导的表扬，被评为“金牌解说员”。对业内专家，他侧重讲原理讲技术，宛如庖丁解牛，透彻分析系统的构成、功能及性能；对业外人士，则侧重讲应用讲意义，绘声绘色讲小故事。这几年来，刘洪庆认真对待每一次接待工作。他主动加班加点，休息日随叫随到。他说：“虽然我已经讲解了三百次，但对每一名参观对象来说都是第一次。”

始终坚持“对党、对国家、对军队、对事业、对电科、对自身”发展高度负责的态度，对我国的预警机事业忠贞不贰，刘洪庆就是这样一名合格的党员、合格的设计师。

既要埋头走路，又要抬头看天

在预警机总体部工作的过程中，刘洪庆收获到了实实在在的预警机精神——自力更生，协同作战，顽强拼搏，创新图强。当昔日的同学在东南沿海发达城市享受人生的时候，他正在祖国大西南的山沟沟里埋头苦干。在全体参研人员的努力下，他们克服重重困难，推动工作进展，确保按节点完成任务。在研究预警机的十几年间，刘洪庆真切感受到了“要想把核心技术掌握在自己手里，必须从基础做起”。一代人有一代人的长征，一代人有一代人的使命，但不变的是国家利益高于一切。人的一生当中会有各种各样的机遇，在刘洪庆看来，最幸运的事则是遇到了以国家最高科技奖获得者王小谟院士、多型预警机总设计师陆军院士、全国优秀共产党员崔继先同志为代表的老中青三代预警机人。多年来，他们坚持“为中华之崛起而读书”的初衷始终未曾改变，“一定要认准方向，并且要坚定不移地走下去”。

如果让刘洪庆重新站在当代青年职业生涯选择的十字路口，他仍会毫不犹豫地选择走科技报国这条道路，这不仅是兴趣使然，更是国家需要。他认为：“我们的专业技术，除了应用于国防事业、维护国家安全，还要在民生方向进行诸多拓展。不久前发生的美国制裁中兴事件，就深刻地警示我们要努力提高电子产品的国产化率。在电子产品领域，有着‘100-1=0’的信条：任何一个零部件受到进口的限制，都会影响到整机的最后成型。所以，科技报国意味着我们要努力提高自身能力，为国家建设添砖加瓦。”

2002年，刘洪庆选择了信息工程专业；

2006年，刘洪庆选择了超大规模集成电路设计研究所；

2008年，刘洪庆选择了中国电子科学研究院并为之献身十余年，并将继续为之奋斗。

他的选择不仅关乎他个人，更关乎我们的祖国，他在不平凡的岗位上为增强祖国的国防科技力量奉献自己，而祖国也终将选择那些选择了祖国的人！国防建设的道路没有终点！

刘洪庆始终坚持以“两弹一星”元勋程开甲、绕月探测工程总设计师叶培建院士等国防军工领域的杰出校友为榜样，秉承“国家利益高于一切”的核心价值观，不忘科技兴军初心，牢记网络强国使命，这体现了四校合并后新一代浙大人的素质与担当。新一代的浙大人也将在国防军工行业续写前辈们的华丽篇章！

采访小记

2019年4月4日，我们肩负着采访浙江大学信电校友刘洪庆师兄的使命，乘了一夜火车来到祖国的心脏——北京。阳光明媚，天朗气清，我们在中国电子科学研究院见到了他。会面之前，我们先通过电话进行了问候和初步的了解。刘校友在电话中的声音透露出承担这份工作的人应有的稳重，也洋溢着浙大校友特有的那种热情和积极。百闻不如一见，在电科院宽敞的会议室中，我们和刘校友展开了深入的采访。

刘校友先带我们参观了单位工作环境，从进入中国电子科学研究院的大门开始，就感受到了这里的严谨和肃穆。在办公大楼站岗的是武警部队，每个人的进出都要经过仔细的核查才能放行，这里有国防军工的关键技术。这里是理学工科学子向往的技术圣地，亦是社科人文学子崇尚的精神家园。最让人动容的当属大楼巨大的LED显示屏，彼时恰逢清明，屏幕上正在追忆为我国预警机事业牺牲的烈士。这样一种为国捐躯的悲壮，时刻提醒着我们今天国泰民安的来之不易。

在这次采访中，我们遇到了不少困难以及突发情况，但是在两个人的配合和努力之下，克服了前进道路上的困难，自己也有所成长。很庆幸有这样一个机会让我们走出校园的象牙塔，体验到社会生活的千姿百态。

采访时间及地点：

2019 年 4 月 4 日，中国电子科学研究院

采访及撰稿：

田雨晴　信息工程专业 2016 级本科生

王诗昱　信息工程专业 2017 级本科生

图片来源：

中国电子科学研究院

马晓立

既是“研究派”又是“实干家”

马晓立，2001 年毕业于浙江大学经济学系，获经济学硕士学位。现任财通证券资产管理有限公司董事长兼总经理、浙江大学上海校友会金融专委会副会长；曾任联合证券研究所首席分析师，中信证券研究部执行总经理。2005—2010 年连续 6 年蝉联“新财富最佳分析师”第一名。获 2016—2017 年“中国财富管理领军人物君鼎奖”等。

时代的浪潮不断向前翻涌，只有实干肯干有担当者，才可屹立潮头。

从行业明星分析师到资产财富管理掌门人，财通证券资产管理有限公司（下简称财通资管）董事长兼总经理马晓立的职业生涯闪耀着“勤奋”与“务实”同行并进的光辉。

马晓立既是“研究派”又是“实干家”。在金融证券市场沉浮17载的马晓立，投资管理理念不断得到锤炼与拓展，而其孜孜以求的实践精进更成就了事业的华章。

起步卖方，转战资管

2001年，初出茅庐的马晓立选择“证券分析师”这一岗位作为职业生涯的第一站。他奔赴深圳，成为一名券商研究员，并从此扎根金融证券行业。

马晓立对证券行业的浓厚兴趣源于求学时期。他在浙江大学经济学系度过了七年韶华时光——彼时神州大地的证券市场，恰值迎着21世纪的曙光蓬勃发展之际。出于对证券领域那份好奇心，马晓立自发研读了大量相关的书籍，其中，王明夫老师的《投资银行并购业务》等论著对他进入证券行业的影响最大。在硕士期间，马晓立贴近我国的股市和债市，以“保险资产的运用”作为硕士论文的研究方向。因此，毕业之后马晓立选择投身于证券事业也是一件顺理成章的事情。

2001年马晓立成为联合证券研究所的一名券商研究员，两年后转为交通运输行业研究员。他认为，当时中国证券市场已有行业研究，但是价值投资却始于2003年。优秀的研究员要有扎实的基本面的功底，深入各个层面把行业和上市公司研究透彻，同时也要有独立的思考逻辑和体系。2006年，马晓立进入中信证券研究部。该研究部作为国内第一梯队的大型券商，拥有更广阔的发展空间。马晓立在与优秀同事的合作过程中不断地学习与反思，获得了飞快的成长，并最终成为行业翘楚。

2001年到2010年的10年间，马晓立充分发挥自身卓越的才能，抓紧积累行业研究的经验，夯实证券投资理念，连续6年摘获“金融界的奥斯卡”——“新财富最佳分析师”第一名。凭借着与生俱来的天赋与后天辛勤挥洒的汗水，马晓立将证券分析师这个职业做到了极致。

2011年中信证券进行战略转型，马晓立的职业生涯也迎来了转折的契机。他认为，当时正值中国经济的转型发展期，居民财富重新配置的高潮期与资产管理行业的裂变扩张期同时到来，资产管理行业将迎来新一轮的变革与发展，而2012年正是券商资管行业崛起的好时机。正是在这年，马晓立携此前十余年深耕金融行业的经验加盟财通资管，转战资产管理行业。

与担任分析师时一样，成为资管人之后的马晓立全身心投入工作，不断创造奇迹。自2012年至今，公司管理资产规模由7亿元扩张到了超过1500亿元；营业收入由亏损转为增长了40多倍；部门总员工数增长了10倍；行业排名跃升至第一梯队；金融牌照齐全，产品线全面覆盖权益、固收、指数量化、结构融资、定增和公募基金等。

财通资管的发展，既是大资管行业高歌猛进时代的缩影，也是券商资管子公司新秀崛起的典型样本。2016年7月，财通资管被新浪财经评选为“2016年度最具成长性证券资产管理公司”；2017年9月，财通资管获得《21世纪经济报道》颁发的“新锐券商资产管理金帆奖”；2017—2018年，财通资管蝉联《中国证券报》“三年期金牛券商集合资产管理人”。而马晓立也荣获2016—2017年“中国财富管理领军人物君鼎奖”。

勤奋实干，拥抱变化

生命的奇妙之处就在于，严寒之后也许是更长的冰河世纪，但始终会迎来万物复苏的温暖春天。无论是十年前担任行业分析师，还是现如今成为资管公司掌门人，马晓立深谙“周期波动是经济发展过程中常见的现象”这一原理。

在攻读硕士期间，马晓立曾跟随导师金雪军教授一同参与完成绍兴产业园区发展的调研课题。金教授当年就注意到马晓立具有出色的研究能力，并夸赞其“勤奋刻苦”“善于思考”。

马晓立认为“勤奋”是行业分析师的立身之本。“作为一名研究员，应学会静下心来在熊市修炼内功，做好投资研究和风险管理等基础工作，多出深度报告，为将来的牛市春天做好充分准备。”马晓立表示，“要相信自己，并始终坚持只有行业研究牢牢地基于市场，研究才可能创造价值。因为市场风云变幻，一旦脱离市场、脱离客户、脱离数据，我们的研究就会落后。”

要当好行业分析师，还需要和上市公司保持密切有效的沟通，重视研究成果的转化。马晓立早年担任交通运输行业研究员时，由于该行业的特殊性，他常年需要与国企的买方研究人员打交道。他深刻地体会到上市公司、大股东对市场也同样有着深入了解的需求，也希望得到市场的理解和认同。“卖方分析师有责任跟他们沟通，告诉他们市场的期望和想法。这个过程中卖方分析师是一个很好的桥梁，因为他能够保持相对客观和独立的立场，从而更好地帮助买方实现价值。”马晓立解释道。

从投研层到管理层，这一身份转变意味着更多的责任，需要更广阔的视野来审时度势、运筹帷幄。入主财通资管以来，马晓立不断转换思维，拿出大刀阔斧的勇气付诸实干。财通证券管理层给予了团队包容开明的环境，而整个团队也积极强化优势补足短板，以客户为核心拓展业务。

马晓立基于实际并借鉴老东家中信证券的管理方法，推行体制改革。一是倡导扁平化的管理架构，推行MD（Managing Director）制，撤销一级部门，从而迅速提升内部的沟通和决策效率；二是着力打造一支优秀团队，将人才的引进与培养视为重中之重，并逐步形成一套高度市场化的人才选拔淘汰及考核激励机制，如面试委员会机制；三是坚持以“敦信、专业、躬勤、进取”的价值观统领全局，建设“以人为本”的企业文化。其间，马晓立结交了志同道合的战友，他们互相信任、互相认同、互相扶持，共同确立了鲜明的市场化导向，建设了一支过硬的队伍，并向着同一个清晰的目标前进。

“资管新规的出台拉开了大资管发展新的序幕，”马晓立认为，“只有主动拥抱变化，不断学习交流、融合创造，才能引领更高层次的发展。”“现在，财通资管已经进入二次创业的阶段，我们将顺应资管新规的趋势，回归资产管理本源，做好价值投资、资产定价和风险管理工作，真正为客户创造价值。”

心系母校，感恩回馈

马晓立在证券行业脚踏实地的付出成就了一份卓越的履历。他相信坚持的力量，也乐于成为伯乐。

马晓立对母校浙江大学满怀感恩之情，他始终没有忘记老师的教诲与校友的帮助。身为行业“老兵”，马晓立表示乐于为学弟学妹的成长尽绵薄之力。他提到，如今金融证券工作的竞争越来越大，在校生不仅要完成艰苦的学业、丰富自己的社会实践经历，更要清晰地规划自己的职业路线，并做好充分的准备——有志于金融领域的同学们须掌握金融、财务、法律等相关专业知识，更关键的是保持旺盛的求知欲、独立的思考能力、持续的进取精神。

2015年3月，财通资管联合浙江大学发起“浙大·财通证券资产管理人才培养计划”，为有志于从事金融证券工作的优秀学子提供国际交流奖学金及实践岗位，帮助在校生更好地了解资产管理行业，并从中寻找符合财通证券需求的潜在人才。

受光于庭户见一堂，受光于天下照四方。马晓立认为，一个人视野的开阔程度将决定其未来发展空间的宽广程度，浙大学生应当拥有远大的理想与追求，走出校门国门，增长见识与才干；同时，要做一个有情怀的人，传承发扬“海纳江河、启真厚德、开物前民、树我邦国”的浙大精神，关注社会责任，实现人生价值，与时代共进，无愧于未来。

采访小记

在上海浦东新区世纪大道财通资管总部，我们与马晓立学长面对面坐着。他穿着干净利落的西装衬衣，光亮的镜片后面是一双炯炯有神的眼睛，嘴角边扬起一抹微笑，显得睿智、大气、亲切——这就是马晓立留给我们的第一印象。在短暂的2小时采访中，马晓立将时间线拉回到17年前，为我们讲述了一个行业分析师在风云变幻的中国资本市场不断探索并快速成长的生涯故事。

从位于16层的办公楼向外远眺，作为中国金融中心的上海承载着万千金融人的梦想与辉煌。马晓立虽然只是其中一员，但是他的勤奋与努力使他在这片金融热土上留下了属于自己的印记。同为经院学子，他是我们的学长，也是我们的前辈。他的职业生涯故事，不仅仅是个人的传奇，也为我们的逐梦之旅提供了可资借鉴的发展方向。

采访时间：

2018 年 10 月 25 日

采访及撰稿：

李由　经济学院辅导员

祖文静　世界经济专业 2017 级博士研究生

邵婧儿　国际商务专业 2017 级硕士研究生

图片来源：

马晓立

张　晶

不忘初心，砥砺前行

张晶参加透景生命（300642.SZ）上市仪式

张晶，浙江大学药学院药物制剂专业 2002 级学士，药理学专业 2007 级硕士。2010 年 3 月，加入杭州市盈开投资管理有限公司从事投资工作，成功完成两支私募基金的募集和若干项目的投资。2011 年 9 月，加入深圳市高特佳投资集团有限公司从事医疗企业投资及并购工作，积累了丰富的医药行业投资实践经验。2013 年 2 月，加入中国中投证券有限责任公司投资银行部，参与组建投资银行部医疗行业研究组，主导、参与了多家医疗企业的融资、并购、重组改制等工作。2017 年 10 月加入中国国际金融股份有限公司投资银行部至今，专注于医疗企业的融资、重组改制、境内外企业收购兼并、境内外上市及上市后资本运作等工作。业余时间主编完成了《中国体外诊断产业发展蓝皮书》（2016 年 · 第二卷）一书。

张晶参加浙江大学上海校友会在沪名医大义诊活动

张晶身上的标签很多，她是浙大人，是医药人，亦是一名罕见的具备专业医疗知识的创业投资人。从浙大毕业起，她的每一步转行之路都走得脚踏实地，始终不忘初心，砥砺前行。

“一条路走到底”

2007年，张晶就读于浙大的药理学专业，师从杨波教授和何俏军教授，主要研究方向为抗阿尔茨海默症药物、抗肿瘤药的药效学和机制研究。学识渊博的导师、前沿的课题和多次海内外交流的机会让张晶在知识的海洋中迅速成长。在校期间，她便已经发表了多篇SCI论文。

2009年12月24日，张晶顺利完成了硕士毕业论文的答辩，并以优异的成绩获得了药理学硕士学位。与张晶同一届的其他六位同学，毕业后或是选择继续攻读博士学位，或是进入医疗行业，唯独张晶选择进入创业投资公司，成为一名创业投资人。

张晶选择这份职业的原因，与她曾经参加的“蒲公英”学生创业计划竞赛息息相关。活动期间，有一个投资人拿着一份有关医疗创业项目的商业计划书来咨询她的意见。不具备医疗专业知识的投资人很难理解项目的具体内容，但对张晶来说，这是一件轻松的事。这一经历让她重新思考自己的价值并开始意识到自己的专业优势。经过了大量的调研，她将创业投资纳入自己的就业方向。

导师在刚得知张晶的职业规划时非常惊讶。在她眼中，张晶成绩优异，是读博的好苗子，因此她反复确认张晶对这份职业的了解程度，并将其他诸多机会和贸然转行的风险一一告知。经过一番详谈，导师送给了张晶这样一句话："如果从事投资工作是你的理想，那你就要脚踏实地，你要一条路走到底，否则，理想就只是空想。"

将理想变成现实，从来不是一件容易的事情。张晶没有相关的实习经验，在这种情况下找工作对她来说非常具有挑战性。回忆起那时的心情，张晶并不觉得苦闷，只觉得"我再也无法安心待在实验室了，我的内心被一种想要改变世界的强烈欲望鼓舞着"。

带着导师的嘱咐和初生牛犊不怕虎的闯劲，2010年3月，张晶正式加入了一家创业投资公司。

"唯有勤奋才能突出重围"

借着2009年创业板开板的春风，很多专业人士敏锐地察觉到创业投资能够带来可观的盈利，并纷纷在全国各地成立创投机构。张晶正是在这个大背景下，开始了自己的事业。她谦虚地说："我正巧赶上了投资行业草莽而热闹的时代，并因为投资本身对医疗行业人才的需求而得以立足。"

投资是一个年轻的行业，也是一个年轻人占多数的行业，知识的快速迭代，时刻给人一种不进则退的强烈危机感。这种危机感让张晶时刻不忘保持谦逊的学习态度，不断提升自己的专业技能。她在从事投资工作伊始，便与同事一起，自发编写了关于投资行业的期刊，分享自己对于不同领域投资行业的观点，并与相关的行业专家进行交流；她成立了投资人俱乐部，通过定期举办学习会和其他线下活动，由此聚集起了一群志同道合的投资人朋友。她说："唯有勤奋才能突出重围。不断打磨自己的技能，听得多看得多，才有可能逐渐形成自己的观点。对于投资来说，专业技能是基础，我们需要勤练内功，夯实基础，保持终身学习。"

在完成两支基金的募集和若干个项目的调研和投资之后，张晶开始思考自身的定位和未来的职业发展。她知道专业化、阶段化、全球化将是投资行业未来的趋势，而自己更擅长对境内外处于成长期的医疗项目进行价值判断，因此，她决定将这作为个人职业发展的方向。

明确方向之后，张晶选择加入一家专业的医疗投资机构并进一步提升专业技能。2012年的投资圈，正处于全民PE[1]的疯狂时代，各路投资人对于Pre-IPO[2]阶段的投资项目趋之若鹜，对于投资价值判断的标准也从单一到多维度。但巨大的危机往往潜伏于表面的繁荣之后，2012年11月，证监会启动了长达14个月的IPO暂停审核期，这对于一大批做Pre-IPO阶段投资的机构来说，投资的项目无法按照计划进行，他们也就很难等到IPO开闸的时刻了。

这场资本盛宴让张晶广泛地接触了医疗产业链上不同的企业，快速构建了国内医疗企业的投资版图，并在亲历了这过山车般的疯狂之后，深刻体会到了资本的残酷。在不断的内部讨论、外部论证以及投资实践的过程中，她逐渐形成了自己对医疗企业的投资逻辑和判断标准，并持

[1] PE投资即private equity。国内通常把PE翻译成狭义的股权投资，即"私募股权投资"，是指投资于非上市股权，或者上市公司非公开交易股权的一种投资方式。

[2] Pre-IPO是指对有上市预期且上市条件成熟的企业进行的投资，帮助企业进行上市。投资的企业一般具有很好的盈利能力和上市规模。其退出的方式是企业上市后从公开资本市场出售股票退出。

续地修正和完善。

进一步跳出自己的舒适区

在与其他投资人交流时，张晶时常会思考投资的本质究竟是什么，思考除了盈利之外，如何让有远见的资本为有抱负的企业服务进而推动社会进步、改善人们生活。同时，张晶也在思考着如何进一步跳出自己的舒适区。她在冷静地自我反省之后，认为自己虽然在工作中自学了相关法律和财务的知识，但终究不够扎实。因此，张晶再次启程，选择了金融属性极强的投资银行作为新的起点。

投资银行的含义很广，张晶主要从事的是企业在境内外市场的IPO、企业兼并收购、债券以及私募融资等业务。在外人眼中，投行的工作十分光鲜，但在张晶自己看来，她的工作是具体的、琐碎的，而且工作量和工作强度都很大。系统完善的知识架构以及科学有效的工作方法对于提高工作效率非常有帮助。

投行的工作让张晶能在第一现场全方位地了解一家企业，又因为自身具备专业的医疗知识，所以她服务的大部分都是医疗企业，这也进一步增强了她对这份工作的热爱。2013年，张晶曾经为一家体外诊断企业提供境内A股上市的服务。 2017年，这家公司成功上市。在短短的4年间，张晶见证了这家公司从年收入1000多万发展到1个多亿。

与投资不同的是，投行的工作是一个全面、立体的系统工程，所接触的是公司不同岗位不同层级的人员。在工作中，张晶向来是一个有心人。她不仅去了解了优秀企业家的管理理念、战略布局、发展方向以及在面对不同的环境所做出的细微调整，同时也注意观察他们的这些决策想法是如何层层传达下去并执行完成的。这些日常工作中的点滴积累令她受益匪浅。闲暇之余，张晶还对体外诊断行业做了细致深入的研究，并参与了《中国体外诊断产业发展蓝皮书》（2016年 · 第二卷）的编写。她说，不论是从事投行、投资，还是自己创业，这些管理经验和行业分析都会非常有用。

一门修心的学问

张晶用三个词总结自己的心得：学习、分享和修心。如何成为一名合格的投资人，是一门修心的学问。很多成功人士都说，做事之前先做人。大道至简，而知行合一非常重要。张晶提到，她是按照《富兰克林自传》中提到的诸多品德来进行自我约束的，譬如秩序、决心、节俭、勤奋、真诚、公正、整洁、冷静、谦逊，等等。她对自己坦诚，时时自省，总是清楚地了解自己在性格上和业务能力上的长处和短板是什么。

张晶说："处在一个日新月异、瞬息万变的时代，成长的路上会有很多的诱惑，其他人也都会来影响我们的决定。在年轻的时候，不要去计较太多得失，应该尽量站得高、看得远一些。这个时候如果我们自己心里有一个宏大的理想，就会有一种使命感，在做决定的时候就会格局大一些。"她是这么说的，也是这么做的。张晶的理想是做新药，内心的使命感在于治病救人，所以她就不太会被工作强度、个人得失等小事情所影响。

张晶始终牢记自己是一名医药人，也是一名医药专业的金融从业人员，始终保持着想要改变世界的初心。她说，恰逢盛世，更将心怀感恩，砥砺前行。

采访小记

在采访中，我们虽未能与张晶学姐面对面进行交谈，但从她发送的文字中，能感受到字里行间蕴含着的温暖与鼓励。

学姐的精彩逐梦历程，源自脚踏实地、“一条路走到底”的恒心和毅力。因“蒲公英”学生创业计划竞赛的契机，学姐重新思考自我价值，成为一名医药投资工作者，向着做出一种新药的理想一步步靠近。在此过程中，她不断地更新自己的定位，听从本心，大胆做出改变。从她的悉心回答、全面经验传授中，我们清晰地看到，一位心怀世界的大姐姐，激励着学弟学妹把眼界看开，把格局放大，不要沉溺于人生旅途中的小风光，把目光放在山顶的风景。

不忘初心，砥砺前行。这八个字，是学姐的感悟，也是对我们的期许。也愿我们和学姐一样，夯实自己的知识基础、能力基础，做有心人，成为更好的自己。

采访时间：

2019年4月6日晚（线上采访）

采访及撰稿：

史又月　新闻与传播专业2018级硕士研究生

郑涵奇　药学专业2018级本科生

图片来源：

张晶

石俊娜

时刻保持对世界强烈的好奇心

石俊娜，1985年生，宁波慈溪人。2004年本科考入浙江大学新闻传播学类广告专业，同年进入竺可桢学院创新创业管理强化班辅修。2011年硕士毕业于浙江大学管理学院企业管理专业，师从魏江教授。毕业后进入麦肯锡（咨询）管理有限公司，为政府与企业提供战略咨询服务。目前任麦肯锡全球副董事合伙人，主攻领域为政府公共事务和地产板块，包括城市区域和产业规划、标杆项目打造、平台型公司转型和创新生成模式设计等。

石俊娜的出生地为宁波，那是一个民营经济和中小企业非常活跃的城市。特别是改革开放以来，宁波经济持续快速发展，显示出巨大的活力和潜力，成为长江三角洲南翼的经济中心和化工基地，是华东地区的重要工商业城市，也是浙江省最重要的经济中心之一和国内经济最活跃的区域之一。成长于此的石俊娜，对于创新创业以及企业管理，从小有了耳濡目染的熏陶，也培育出了非常浓厚的兴趣。

充实的学生时期：仰望星空，脚踏实地

2004年，石俊娜以优异的成绩考进了浙江大学新闻学系。除了专业的学习外，好奇心强烈的她也立刻投入一系列的学生工作中。在求学的7年时间里，她创建浙江大学企业俱乐部，组织了“IBM人生导师计划”“首届欧莱雅商业策划大赛”等一系列活动；担任人文学院学生会主席、传媒与国际文化学院团委副书记（挂职）、校学生会体育部部长等职务，组织了“浙江大学首届传媒特稿培训活动”“107年校庆系列活动”，等等。在创新创业方面，石俊娜创立的“浙江大学本科生创新网”，获得了学校认可，还与本科生数据库对接，成为浙江大学三大本科生官方网站之一；作为团队成员开发了“中国矿产资源网”，该网站成为网盛科技（002095）旗下四大行业性网站之一。同时，她还在政府部门和许多行业机构进行实习，例如杭州市发改委、国家开发银行、微软亚洲研究院、贝恩咨询公司等。

石俊娜坦言，人的成长要靠认识并接触不同圈层的人群、朋友和伙伴，从中不仅可以获得助力，同时也可以开阔视野，学会从不同的角度看待问题。在学校里，能建立的朋友圈相对来说比较单一，所以能做的就是参与到由兴趣各异的人组成的团队中去，包括社团、兴趣小组，这

些团队中的同学的类型更加多元化。繁杂的事项丝毫没有成为石俊娜的负担，强烈的好奇心以及旺盛的精力使她奔忙于各项事务并乐在其中。对石俊娜而言，这些经历除了锻炼了个人的协作能力、领导力之外，还提升了她在不同团队和平台的工作中自由切换的能力。

在这段充实的大学生活中，石俊娜发现了自己身上的三个特质：

其一，对于创新的话题和内容抱有浓厚的兴趣。

其二，喜欢扮演跨界、冲突的角色，能够吸纳不同合作伙伴的优秀特质，并且融合到自己的行事风格中。此外，在做事时比较注重倾听多元声音，看问题的视角广阔且多层。

其三，更愿意去尝试新的想法而非遵循老路，并且擅长从全新的角度思考问题。

在学生时代，对石俊娜影响最大的人是硕士阶段的导师魏江。魏江老师是在创新方面颇有建树的专家学者，他在学术研究中非常强调在实践当中获得真知，同时鼓励学生要有独立思想和合作精神。所以，在魏江老师的指导下，石俊娜跟着师兄师姐去走访产业集群、走访创新企业，在中小企业蹲点……这些既仰望星空又脚踏实地的实践经验，为石俊娜的工作和世界观的形成奠定了很好的基础。

咨询日常：由于热爱，所以不苦

对于选择咨询行业的原因，她将其归结于学校的学习和学生工作。她认为，学习新闻学以及管理学对她后续的成长甚至性格养成都很有帮助。新闻传播学类是培养对于艺术、美感等感知能力的学科，管理学是需要用到逻辑框架以及系统性思考的专业，对这两个专业的学习囊括了理性与艺术双方面素养的塑造和提升。在学生活动经历当中，石俊娜学习到了在不同情境下对不同事件透过现象看本质的能力。正好咨询行业是一个非常需要系统思维能力以及洞察力的行业，同时又能够让她一直保持热情和强烈的好奇心，所以，在硕士毕业之际，石俊娜带着笃定的心情进入了咨询行业。

大家对于麦肯锡可能还有些陌生。但是正如商业畅销书《麦肯锡方法》中的描述："对于管理界而言，麦肯锡就像珠宝中的名牌Cartier一样。没有哪一家咨询公司能像麦肯锡公司这样，既闻名遐迩、成就非凡、大受吹捧，又守口如瓶。这一具有传奇色彩的战略思想库培养了许多世界上最出色的管理思想家和商界领袖。像汤姆·彼得斯、肯尼奇·奥玛、乔恩·凯任巴齐这样的商界巨子，正是在麦肯锡培养了自己像激光般犀利的逻辑和敏锐性。而IBM的卢·戈斯特纳、美国运通的哈韦·葛鲁伯这样的企业巨擘，则把他们在麦肯锡学到的战略思维用于经营这些世界级公司的实践。"

在麦肯锡，石俊娜主要负责两类客户：一类是中国的政府部门，另一类是企业型客户，特别是有地产属性的平台型公司。在服务政府部门的时候，她主要针对政府的发展战略提出政策落地的建议、制定区域规划，以及在经济发展的不同阶段出谋划策。比如在北京市政府的项目中，她为北京市战略定位的四个中心——政治中心、文化中心、国际交往中心、科技创新中心进行落地转化的具体项目设计。尽管在工作期间每天只睡很短时间，天天加班到凌晨，石俊娜却说她"痛并快乐着"，她认为这种能够影响一个城市未来整体格局的工作特别有意义。在服务企业客户时，由于她的工作可能会直接影响一个公司未来的战略定位、路径选择甚至是行业格局，所以她始终保持初心，用最专业的态度来认真对待。

当被问到高强度工作、高密度出差是否使她觉得辛苦时，她回答，

石俊娜与同事在上海公司合影（左三为石俊娜）

每个咨询的案例都是不断质疑、捕捉蛛丝马迹、找到问题的“罪魁祸首”、针对性解决问题的过程，这正是满足她好奇心的过程，她享受咨询工作本身，也愿意把咨询工作作为毕生事业。与之相比，其他负面的特性诸如高强度和高压力工作、频繁出差等都不算什么。

典型的麦肯锡升迁路径是，商业分析师—高级商业分析师—咨询顾问—高级咨询顾问—项目经理—高级项目经理—副董事—合伙人，能够在不到7年时间里由最开始的商业分析师迅速晋升为全球副董事合伙人，她自己总结主要是因为这项工作不仅让她想倾力付出，同时也使她不断地得到新的成长机会和成长空间。在她看来，这项工作已变成可以兑现人生价值的选择，而且能够源源不断地为她提供前进的动力。

热爱生活：攀岩潜水，周游世界

打开石俊娜的朋友圈，会发现全部都是各种游玩的状态，丝毫看不出忙碌工作的影响。她会将旅行安排穿插在工作日历的各个角落。这些旅行

石俊娜与同事参加篝火晚会（左一为石俊娜）

除了部分是提前安排的，其实大多数都是周末出差的随机安排。每个人需要的休息方式不一样，她需要靠汲取新的养分来休息，而旅行是最为重要的方式之一。在过去几年，她平均每个月都会去新的国家或地区。石俊娜是一个在陌生的地方反而有更加强烈的舒适感的奇女子，所以每次到新的地方，遇到新的人，都能满足她对世界的好奇心，同时也能打开她看待世事的新视野。形式是次要的，重要的是对生活抱有持续的热情。

石俊娜的广泛爱好中有一项是跳伞。跳伞运动需要跳伞员乘飞机、气球等航空器或其他器械升至高空后跳下，或者从陡峭的山顶、高地上

石俊娜在教练的带领下进行高空极限跳伞

跳下，并借助空气动力在张开降落伞之前和开伞后完成各种规定动作，最终利用降落伞减缓下降速度，在指定区域安全着陆。这需要十分严格的操作与熟练的技巧，同时必须克服对高度、速度的恐惧，具备勇往直前、坚持到底的决心。

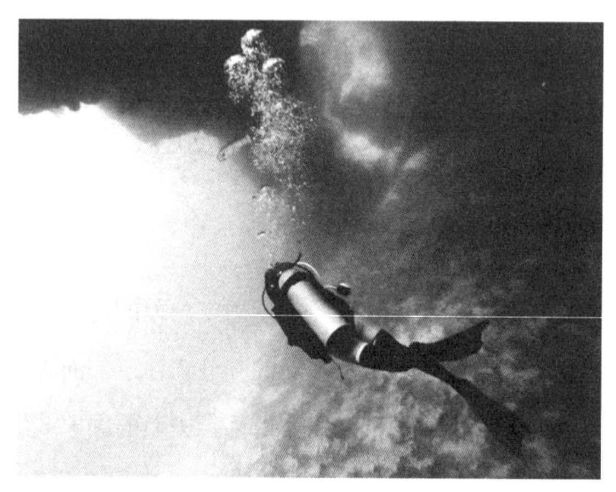

石俊娜在海底20米处进行水肺潜水

她说，最近自己又爱上了潜水，还考取了潜水证。不论是自行携带水下呼吸系统所进行的水肺潜水，还是不携带水下供气设备的自由潜水，她都喜欢尝试。她说，人的所有感官能力在水底都被降低了，水下能见度很低，鼻子被面镜罩着，人不能说话，也听不见声音，但是每次下潜都会觉得很刺激。

另外，在不能出门旅行的日子里，烘焙、画画、研究红酒和咖啡，都可以成为石俊娜消遣生活的方式。

石俊娜说，咨询需要强烈的求知渴望、快速的学习能力和持续的专注力。对生活如本能般地热爱，才是能担得起这份工作所赋予责任的基底。这些广泛的爱好所带来的收获，首先是让人生变得有趣，她认为有趣是人生的第一要务，毕竟工作只是生活的一个侧面，所有的兴趣爱好也只是这种有趣人生的一个折射而已。其次是广泛的爱好可以让她更加容易跟各种类型的人进行对话，因为人生的阅历和丰富度可是人的第二张名片。

给学弟学妹的四点寄语

第一，找到自己擅长的思考方式。

探究自己的人生观、价值观是一生的课题，不是在学生时代或者在某个工作阶段就能够完成的。这件事急不来，也不要逼自己，但要能够找到毛线团的线头，一点点扯出人生的线条。

第二，找到自己真正热爱的事情。

在寻找自己的人生课题时，学习和成长很重要，要找到可以给自己带来极大满足感和幸福感的人生课题。

第三，过一种不会令自己后悔的人生。

不要感怀过去，也不要太恐惧未来。任何阶段都能带给你独特的成长和体验，千万不要浪费时间，也不要过于急促地想越过某个阶段，因为时间不可能重新再来一次。

第四，不要害怕犯错，敢于前往未知的地方。

浙大是一个包容并蓄的舞台，大家要勇敢去创新、去创造，突破原有的界限。要敢于尝试、敢于试错、敢于向未知的地方探索，这样的你才可能得到意想不到的新收获。

采访小记

在和石俊娜校友沟通采访的过程中，我深切地感受到她身上极大的好奇心、时刻保持的热情以及源源不竭的旺盛精力。

其实我们去了解这些校友的经历和案例，并不是要去复制他们的成功，只是在大千世界的纷繁复杂的人生道路中看到还有这样的生活方式，也许自己不能亲身体会，但很有可能在某些方面会有所启发，进而迸发出一些新的灵感和想法。

这次采访让我开始审视自己的内心：我真正热爱的到底是什么？现在我还没有答案。在回想了从小到大的经历后，我仍然处于茫然之中，唯一明确的就是我想要找到它。虽然当下还有困惑，但是至少已经迈出了寻找的第一步。我会像石俊娜寄语中所给出的建议那样，争取过一种不会令自己后悔的人生。

采访时间及地点：

2019年4月8日，上海

采访及撰稿：

武一琛　工商管理专业2018级硕士研究生

图片来源：

石俊娜

苏　畅

享受充分舒展的喜悦

苏畅，杭州人，农工民主党党员。2010 年本科毕业于浙江大学光华法学院。2011 年于美国乔治城大学法学院毕业，获法学硕士学位，同时获得乔治城大学国际经济法研究院颁发的 WTO 研究证书。2011 年加入北京市金杜律师事务所，现任金杜律师事务所争议解决部资深律师。具有中国和美国纽约州律师资格。

苏畅长期处理中美经贸法律事务，在国际经济法领域具有丰富经验，曾为中美双边投资协定第七轮谈判的前期准备及拟定中方文本提供法律服务，在第七轮中美双边投资协定谈判中担任中方翻译，并参与了中美双边投资协定谈判 2014 年至 2017 年的所有谈判工作。苏畅参与了多起世界贸易组织（WTO）争端案件，包括中美电子支付服务措施案（DS413），中美暖水虾、金刚石锯片归零案（DS422），等等。在中美贸易战背景下，苏畅所在团队接受中国商务部的委托，参与了应对美国 301 调查的工作，苏畅是案件的主办律师。入选 Legal Band 2015 年首届中国律界俊杰榜三十强（30 Under 30）。

正如轻轻传来的勺子触碰瓷器的清响，电话那头的姑娘温柔、恬淡却又不乏热情。苏畅，一位在西湖边长大的杭州姑娘，本科毕业后勇敢地离开自己的舒适圈，赴美求学，随后选择了自己所爱的WTO律师工作，帮助中国政府应对WTO框架下的各种争端。她说，人生有无限的可能性，她不想把自己束缚在框架之中，最好的生活是追求自己所爱的生活方式。

勇敢赴美，感受多元化生活

峰峦耸翠，清幽寂静，之江校区所坐落的月轮山可能是许多法学院学子人生中住过的最美的地方，苏畅无比怀念在浙江大学法学院度过的四年旖旎时光。环境静雅的校园是醉心书本、钻研学问的好地方，本科期间，她折服于法学院老师的博学与专业，享受沉静学习的大学时光。正是在浙江大学法学院的求学经历，为她今后的漫长奋斗之路打下了坚实的基础。

苏畅一直对英美文化很感兴趣，大一暑假，她申请了加州大学洛杉矶分校的暑期课程，在这段时间里，她感受到了不同文化环境下不同的人的眼界和思路，这种多元性深深吸引着她，也影响了她之后的人生道路。因此，2010年毕业时，不同于许多选择留杭就职的同学，苏畅带着一种“自己都无法解释的笃定”，收拾行囊，勇敢地走出了自己的舒适圈，离开生活了22年的杭州，开始了在美国的留学生涯，学习钻研WTO法专业。

华盛顿，美国的首都，一个有多个国际组织扎根于此的国际化都市。在这里，苏畅接触到了许多国际留学生。在与他们的交往中，她发现大家的思维、大家对事情的看法与对人生的规划，是那么的丰富多样，让人不禁感叹生活竟有如此多的可能性，每一个选择都可能会是惊喜。她也曾萌生去国际组织工作的想法，这在一些中国学生看来似乎是很难想象的一件事，但对于欧洲同学来说，却是非常寻常的，毕竟欧盟离他们的生活并不遥远。这段在乔治城大学的求学经历，改变了她的人生轨迹，挖掘出了她的潜能，让她发现了另一个自己：一个在挫折中成长进步，勇敢追求新生活，拥抱更大世界的自己。

加入金杜，在挑战中学习

毕业后从事什么工作，这个问题在苏畅心里一直都有明确的答案。因为热爱她所学习的WTO法专业，苏畅心中早就决定好了未来要投身于WTO业务之中。金杜律师事务所作为这一领域中排名顶尖的事务所，自然吸引了苏畅的目光，成为她努力奋斗的方向。毕业后，苏畅走进了北京金杜的大门，成为一名WTO法专业律师，开始了繁忙而具有挑战性的工作。

WTO律师的主要工作是帮助中国政府应对WTO框架下的各种争端。此类案件的原告、被告都是主权国家，因此金杜的客户主要是中国政府商务部。苏畅的工作主要包括参与案件的前期研究、磋商、专家组/上诉听证会、后续裁决的执行，等等。这个工作代表中国政府，性质比较特殊，处理的是国际协定、条约，具有很大的挑战性，同时工作中接触的人和事物也与一般工作不太一样，这一切都吸引着苏畅。正是抱着对工作的热情和对未来的自信，苏畅觉得自己是幸运的，能够站在先行者身旁，与高素质的商务部官员、专家学者并肩而战，共同捍卫祖国的经贸权益。

在工作中，让她印象深刻的是一次中美双边投资协定的谈判，她作为中国政府的代表之一参与其中。在这个过程中，她接触到非常多中美政府的官员。回忆起当时美国代表团的团长，也是美国贸易代表办公室的一位高级别的官员，苏畅幽默地说道："用'聪明绝顶'形容他最恰当不过，他非常专业、非常聪明，同时头发也很少。"在美国代表团团长身上，她既看到了官员的沉稳，又看到了律师的精干，着实是一位令人敬佩的对手。苏畅感慨，正是加入金杜律师事务所，自己才有这样的平台和机会接触到这些优秀的人，不断学习和完善自我。

怎么样才算是一名优秀的律师？苏畅认为不同的人有不同的答案。对于她自己而言，她最看重的品质是积极和靠谱。律师这个行业，在外人看来或许是光鲜亮丽的，每天西装革履，唇枪舌剑地主持正义，维护着当事人的利益，最后打赢官司，功成名就。但在光鲜的背后满是高压和苦累，比常人想象中的要辛苦得多，极具挑战。如果缺乏对工作的热情、对人生积极向上的态度，那么工作时难免会感到痛苦，这种负面情绪不仅会影响自己的工作状态，也会影响到别人。

此外，苏畅还认为靠谱同样很重要。对于律师来说，不管是客户的期待，还是同事之间的合作，只要是交到手上的事情，都要很好地去完成，绝不能出现差错。一个不靠谱的律师，是无法与同事紧密协作的，也得不到客户的信任。

在所爱的生活方式中工作

如果你询问一位律师的职业目标，那么得到的答案基本是：合伙人。不过，这位姑娘坦言自己向来脑洞比较大，不喜欢给自己设定清晰的路径。苏畅觉得人生有无限的可能性，束缚在框架中比较无聊，把握当下，踏踏实实地把眼前的事情做到最好，只有这样才能自然而然地遇见并把握住更好的机会，发现更好的自己。对于苏畅而言，“合伙人可以是我职业规划中的选项，但不是唯一选项。有一天我不做律师了，也一定可以找到别的事情做。我不喜欢把自己限得很死。职业规划可以是我选择生活方式的一个参考，但我不会为了达到一个目标，而放弃某种生活方式。我希望以某种方式生活，这决定我应该做什么事情”。

苏畅追求的生活方式，首先是能做自己喜欢的事情，同时还能有稳定的经济收入，保障自己的生活。在自己感兴趣的国际政治经济领域工作，无疑是幸福的。在这样的生活方式里，从事着自己热爱的事业，能感受到从内心涌出的源源不断的热情，又能在压力中释放自己。

感性和理性，在她的身上得到了很好的平衡。生活里，她会在月光下的沙滩上听着海浪声想起那首名叫《夜未央》的歌谣，也会沉浸于秋日傍晚下老北京胡同里寻常人家中弥漫出的烟火味道，发现生活中点滴的美好。但是，在面临重大抉择时，她又能理智思考。在言谈中，也能感受到她清晰的逻辑。这样的理性，是天性使然，也是多年的法学教育和律师这个职业给她带来的影响。

平日闲暇之余，她喜爱阅读，看看电影，遇到精彩的音乐剧，她也不会错过，这样的文艺气质，像极了静谧优雅的之江。

苏畅寄语月轮山上的同学们，在年轻时要拓宽自己的思路，不要把自己限制在框架之内，人生有无限可能，每种可能都值得尝试。如果你想做律师，那就要朝最好的律所去努力，接受大所的正规训练，踏踏实实学习。但律师并不是法学生的唯一出路，也可以选择做公务员或者其他。要牢记的是，无论做什么，都不要觉得这就是你人生的天花板，不要认为这是你能做的最好的事情。人生因多元而精彩，只有都尝试过，你才能找到自己所爱。

正如苏畅曾在自己关于金装女律师的执业感悟中提到的，无论是生活中还是职场中，女性都可以“向前一步”。法语有个非常优美的词——“s’épanouir”，用来形容女性可以像花朵一样，努力实现一种充分舒展的喜悦状态，以此来形容苏畅的工作与生活再恰当不过了。

采访小记

向苏畅学姐预约采访时，她正好在准备递交诉讼的材料，每天忙到晚上11点，这样的工作强度不是“996”，而是“007”。光鲜亮丽的外表下是压力重重，从事这样的工作，需要十足的耐心和持续的热情。她也多次提到，人生有无限的可能，我们都要去尝试。无论是求学时感受到的多元文化的交流碰撞，还是就业时多样的职业选择，都吸引着这位“脑洞大”的姑娘。我想，或许正是这样的性格与热情，让她能在WTO律师这条职业道路上稳步前行。温柔而不失力量，是她在聊天中带给我最大的感受。言谈温柔舒缓，逻辑清晰，谈及自己所爱时又积极而充满热情，这是一位律师所具有的沉稳与踏实，也是从事自己所热爱职业的幸福。

采访时间：

2019年4月

采访及撰稿：

吴越溪　2018级法律硕士（非法学）

图片来源：

苏畅

刘良杰

从浙大求是园到中车株洲所

刘良杰，1982 年生，湖南郴州人。2004 年本科毕业于浙江大学电气工程及其自动化专业，同年应聘进入中车株洲电力机车研究所（中国中车一级子公司），一直从事轨道交通牵引传动系统的设计、应用工作，作为核心成员负责了我国轨道交通领域多个重点自主牵引项目的研发，性能均达到国际领先水平。先后获发明专利逾 50 项，软件著作权 1 项，获湖南省科学技术进步二等奖、“中国中车劳动奖章”、“中国中车技术专家”、“中国南车十大杰出青年”等荣誉。

目标明确，青春热血莫回头

同许多浙江大学的优秀学子一样，刘良杰在学校学习的过程中就已经对自己的毕业去向有了较好的规划。作为一个典型的理工科学生，他更喜欢确定的答案，那些只有概念或者概率性的答案，会让他觉得心里没有着落。相较选择人数更多、就业乐观安稳的电力方向，充满青春热血的刘良杰更喜欢同志趣相投的同学们一起去企业闯荡。面对考研热潮和强电方向的良好就业形势，刘良杰还是笃定地坚持自己的方向，并凭借自己本科阶段扎实的单片机基础，以及与电气设计工程师这个职位的高匹配度，顺利通过了中车株洲研究所的所有考核。奇妙的是，他在大学时做项目用的FPGA芯片刚好和中车株洲所搭的平台一致。他回忆道："即使是在研究生阶段，'学了就能用'仍然是比较难得的事情。因此，在本科阶段，如果我能够遇到这样的机会，就会去尝试一下，看看能否学以致用。"谈及研究生阶段、本科阶段的学习与就业的关系，刘良杰说，继续深造也是为了就业，读到研究生之后，研究的方向会越来越精专，心里的"包袱"可能会更大，那就是希望岗位和自己的专业方向匹配，由此难免会产生取舍不下的感觉。刘良杰认为，工科生要更偏向于实践，加上他当时对个人能力有比较清晰的认识和充足的信心，于是就早早进入了工作的角色。

初出茅庐，考虑不周惹麻烦

刘良杰与我们分享了他在工作初期的一段经历。刚从学校到研究所时，刘良杰对做产品信心不足，而且只考虑所要求的功能的实现，"能用就行”，而对像效率等工程化指标的考虑很不够。当时，他担任了“上海地铁一号线扩编改造项目”中一个子项目的负责人，需要把西门子的直流系统换成中车株洲所的交流系统平台，并用在地铁一号线的车辆上。在一段时间内，这套系统运营正常，但有一天突然报了故障。因为这关系到乘客的生命安全，大家都承受了巨大的压力。由于刘良杰在经手这套平台时考虑不够细致，没有设计故障检测，也没有设置记录数据的功能，为了查出故障原因，十余个年轻人分成三班，在一个多星期内，全天候跟车抓波形。在地铁上抓取数据是一件非常辛苦的事情，大家要在地铁上工作很长时间，克服地铁上没有厕所等困难，工作人员偶尔还会遇到一些不了解情况的群众给工作带来困扰。提到这里，刘良杰非常内疚：就因为自己的一个问题，十几个人一周都没有休息，这也造成了人力资源的极大浪费。这件事对他的触动很大，当时，他就下决心做好平台的维护和诊断功能，并对产品的可维护性、产品质量等工程方面的问题有了更深的认识。

一名工程师对于产品的落地要背负很大的责任，特别是在面对轨道交通这种公共交通领域的产品时，需要考虑更多的问题。利用在工程应用中获得的经验和教训，刘良杰在项目中不断改进和提升。与此同时，他更深刻地认识到设计是一切的源头——调试的效率、运营的质量、应用的可维护性、变更的成本，都来源于设计。这些都促使刘良杰和其团队边应用边改进，在项目结束时就立即推出新一版简统化产品，并以“应用一代、开发一代、预研一代”的平台思想持续追求卓越。

耐住寂寞，守住初心

电气专业的工作者会进行大量的设计和调试工作，而这些工作大多是比较枯燥的，因此，一个人在从业过程中难免会产生寂寞和烦躁的情绪。当被问及电气专业的工作者如何耐住寂寞，在设计调试方面坚持下来时，刘良杰从外部因素和内部因素两个方面进行了剖析。外部因素较为简单，由于中车株洲所在当地属于发展较好的企业，其他可选择的机会并不太多；此外，单位的同事都是勤勉向上的，团队稳定、人员流动少，结构梯队也比较好。“近朱者赤，近墨者黑”，置身于这样的团队，成员们自然而然地劲儿往一处使，也就对其他诱惑清心寡欲了。从内部因素看，刘良杰借用人的三个属性递进讲解：动物属性是先解决自己的温饱问题，社会属性是希望能够有所成就，精神属性便是诗和远方了。而自己对于这份工作的理解是辨别工作对应哪一种属性的关键。如果它只是一份以养家糊口为目标的工作，实际上不一定要靠自己的专业。然而，对刘良杰而言，更重要的是自己在选定的方向上通过努力能够走多远，通过工作能够成长多少，这与事情的大小无关，而在于自己的汲取。此外，这也使工作超越了对人的动物属性的满足，而与人的社会和精神属性对应。刘良杰坦言，回想那些投身于设计和调试的日子，他仍然能体会到当时的辛苦。但从中获得的满满的成长和成就感，足以覆盖那些对于生活品质的追求。他对精神富足的重视使那些艰苦的时光变成非常宝贵的经历。

能够有所获得便是刘良杰的内驱动力之一，而“不负所托”的信念是他的另一个内驱动力。刘良杰分享了发生在和谐系列机车HXD1C研发过程中的一个小故事。为了完成一个紧急项目，他一个人在厂里调试设备，吃住都在厂里。在他生日那天，他全神贯注地调试设备，以至于没有注意到手机没电关机了。家人一直等他回去过生日，但却一直打不通他的电话，因担心出意外最后还报了警，直到有同事发现在厂里认真工作的他。刘良杰说，可能湖南人就有这种性格，有责任感和使命感在身上，一定要把事情做好，不负所托。最终，刘良杰负责的控制软件、硬件在地面进行了充分试验，保证了现场应用的良好效果，可以说是一次性成功。最终HXD1C系列批量生产了1300台车，并扩展了HXD1、HXD1D、HXD1F等系列车型，总计超过3000台。其自主牵引系统与国外竞争对手同台竞技仍不落下风。他也凭借系列项目中的良好表现，被提拔为专业部门的部长，带领团队继续攻关。

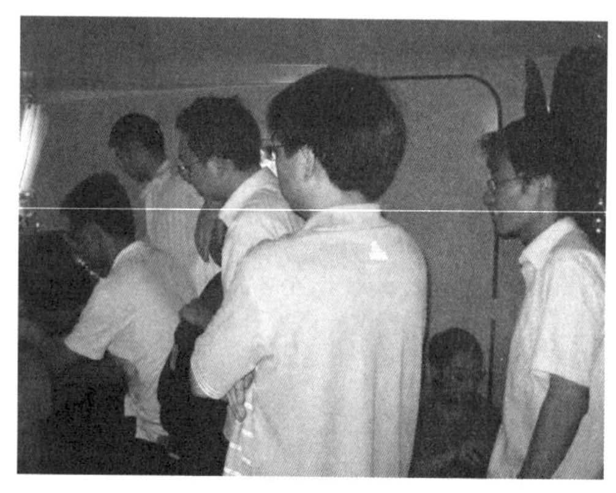

刘良杰在HXD1C型机车调试现场（右二为刘良杰）

从借鉴学习，到华山论剑

刘良杰认为，研究者不能只顾着低头研发，还要抬头看路，而跨越式发展中引进的各种外方平台，其实是很好的标杆。通过对标标杆，能够让我们的思路更为多元、更为开阔。例如，日系的、欧系的产品有着各自独特鲜明的设计理念，其中很多都值得自主品牌去学习和借鉴。国产化项目的最主要目的，在于利用自主平台来对引进平台实现对等替代，以解决引进平台在车辆定期检修阶段遇到的费用高等问题，同时满足再创新的要求。这个过程无比的漫长和艰辛，刘良杰表示，直到目前，这才算是小有业绩：自主替换的CRH2高寒车牵引系统，比原装三菱系统温升更低，更适合兰新线的高原大坡道应用条件，已经批量替换应用。在这几个系统替换项目执行期间，他也从部件部门调转到系统部门，做过自主研发和应用，也做过引进国产化。

伴随自主牵引系统大批量的工程化应用和市场地位的稳步提升，刘良杰被提拔为中心副主任，分管城轨技术。中车株洲所在城轨领域深耕细作了10年时间，逐步打造了一个有口皆碑的自主品牌，特别是最近5年已连续在国内市场新签订单方面领跑，市场总占有率也逐步攀升至全国第一。

刘良杰参加印度展交流

求是创新，校训铭记于心

当被问到在浙大的学习生活对他的工作有什么影响时，刘良杰毫不犹豫地回答："求是创新。"他所在的中车株洲电力机车研究所，是中车最有技术含量的企业部门。作为一名科研工作者，必须坚持实事求是；对于一个企业乃至行业来说，更要以创新为进步源泉，以创新为内驱动力。在中车株洲所的“八字真言”中，“创新”也是企业文化的重要组成。中车对浙大也是情有独钟，所里诸多领导、员工均出身浙大；从浙大到中车，从学校到社会，一代代校友潜移默化地延续着“求是创新”精神，中车株洲所也因此保持着良好的研究氛围。针对刚入职的新人，株洲所有强大的导师学习体系，其跨度为三到五年乃至五年以上。有足够经验的科技工作者像学校中的导师一般引导新人适应并学习公司的技术和工作。即使株洲所是老牌企业，一直对工程化的经验进行传承，它对内部员工也是开放的。员工之间不分职位，都可以互相争论学术问题，而不会影响到生活中的相处，因此有着开放的环境和氛围。刘良杰认为，有容乃大，从学校给予学生的包容，过渡到企业对员工的包容，这正是浙大精神的体现。

当提到对学弟学妹的就业建议时，刘良杰认为关键是要认识到自己真正的目标是什么，一旦认清自己的目标，那么所有的选择都是为了实现这个目标。比如想要创业，做某个行业的佼佼者，就要先去行业里面积累一定的资源和能力，然后再去创业。如果对自己近五年或者是近十年有明确的规划和清醒的认识，那么，就业实际上是个顺理成章的事情。刘良杰每年都会去招聘会，他发现很多应聘的大学生很迷茫。他勉励在校的学弟学妹提前规划好自己的人生，只有目标明确了，才不会浪费自己的青春。

采访小记

刘良杰校友是电气专业一名极为出色的从业者和开拓者。从在求是园求学到在中车株洲所就业，他一直秉持着浙江大学“求是创新”的校训，脚踏实地，为我国科学技术的发展竭尽全力。刘良杰校友给人的第一印象是目标明确，在大学本科期间，他就已经有了非常明确的人生规划，能够根据自己的兴趣和志向清晰地选择自己的人生方向。与他相比，当代大学生往往自我认识不足，因而毕业时容易感到迷茫，一味地追随潮流。由此，刘良杰校友“提前规划”的意识很值得我们学习。同时，刘良杰校友秉持的匠人精神也给我们带来启发。以其中一项工作为例，硬件调试工作经常需要投入很多的精力，而调试过程又往往非常枯燥和烦琐，这些对电气从业人员来说无一不是挑战。刘良杰校友告诉了我们他的对策，那就是“提高自我，不负所托”。在日常工作的磨砺中牢记不断学习、不断进步的初心，保持自己的责任感与饥饿感，用饱满的热情去克服科研路上的一个个困难。

不断追求卓越是我们每一代浙大人孜孜不倦的追求，刘良杰校友已经做出了一个良好的表率，后辈们也应该积极地传承这一传统。

采访时间：

2018 年 11 月 22 日（线上采访）

采访及撰稿：

赵琛　电气工程及其自动化专业 2015 级本科生

高晖胜　电气工程专业 2017 级博士研究生

图片来源：

刘良杰

胡 双

因热爱而学习，借反思而成长

胡双，浙江大学广播电视新闻学专业1999级本科生，现任中央电视台制片人、编导。从事电视内容行业15年，历经电视栏目、大型主题晚会、纪录片等不同形态内容体的研发、组织和生产，从事影视制片人、导演、主持人等多重岗位。2003年进入中央电视台，先后成为中央电视台《艺术人生》栏目编导与策划、《文化访谈录》栏目主编与现场导演，参加2009年春节联欢晚会、第二十七届飞天奖颁奖典礼导演组，并担任国庆献礼文献纪录片《时代的责任——精神文明“五个一工程”巡礼》总导演，以镜头记录中国时代。

"在这个每个人都有多元选择的时代，你要明确自己的初心，并且最好是能对社会也有所触动。"

对胡双来说，去中央电视台制作电视节目这份初心，从小伴随他成长为一名拥有15年电视节目策划、创作与管理经验的制片人，也让他在荧幕上呈现出《艺术人生》《文化访谈录》等影响一代人的经典节目。

胡双在录制现场（左二为胡双）

用以致学，实践先行

胡双最初的传媒理想只关乎自己的成长与人生。多病的身体使得童年的他受到诸多限制，于是，当时刚兴起的新媒体——电视，便成为他观察世界的窗口。当他看着电视上奥运会的转播，看着国旗冉冉升起的那一幕，想要亲历这个大时刻的冲动，就在他幼小的心灵里油然而生。那时候的他意识到："除了体育，还有一种东西可能影响到所有人，那就是传媒。"而彼时中国传媒里最富生命力的媒体是电视，中国电视行业里实力最雄厚的是CCTV，"到中央电视台去"就成为他最初的目标。

在之后的小学和中学的求学路上，胡双一直担任组织文体活动和宣传工作的班干部。高三时，他还想尽办法，前往杭州电视台明珠频道《明珠新闻》节目实习。他方向极其明确地走着，并在获得浙江大学的保送资格后，毫不犹豫地在第一志愿上填下“新闻系广播电视专业”。

“我年轻时的心态，是总想比别人快一步，总有点迫不及待，想尽快在这个行业里崭露头角。”一入学，胡双就报名参加了西溪广播电台，开始主持第一档属于自己的节目。在西溪广播电台播报欧美流行音乐的经历是宝贵的。这不仅仅是学以致用，更是提前学习、用以致学。极早地进入实践阶段，使得胡双对广播节目流程调控较为熟悉。于是，大二时，他在浙江广播电台音乐调频主持人的面试中，凭借现场模拟放碟的出色表现脱颖而出，成为唯一被录取的学生。作为兼职主持人，胡双跟随师父陈丹参与了《银色天空》节目，随后被委以重任——在每周六晚上六点到八点的黄金时段，独自作为主持人为听众播放欧美流行音乐。这份高起点的实践经历给予了胡双广阔的进步空间和充足的自信心。此外，在每天思考如何搭配歌曲、如何制造节目话题点的过程中，他也逐渐形成自己对媒介的理解，并且更加明确地认识到：采编播一体的广电行业生态需要的是一专多能的人才。回首青春，胡双感慨：“我很幸运。我当时只有一个选择，并且我成功了。”

在浙江广播电台的如鱼得水，让胡双看到了圆梦中央电视台的可能。此时，正逢中国第一档选秀节目《挑战主持人》热播，赢得比赛的选手不久后便会作为主持人出现在央视的某个节目当中。在父亲的鼓励下，胡双报名参赛。已经独自操持了一年多节目的胡双，对节目的架构能力与策划能力都得到很大提升，“这些实实在在的主持经验与基础，都是课本上学不到的”。他很快策划好如何展示自己，并在现场由于意外事故而导致冷场时机智地调动起现场氛围，最终，胡双获得了冠军。

忠于热爱，勤于反思

如愿进入中央电视台的胡双，来到了《艺术人生》节目组。与之前截然不同的节目类型带来陌生的体验——只有广播节目相关经验的他完全不懂如何采访嘉宾。他在《艺术人生》的第一项任务是接电话与打电话。他至今还记得当时老编辑说的一句话："电视工作，往往是从打电话开始的，从搜索、联络、沟通中开始。"录制《红楼梦再聚首》这一期节目时，有一位嘉宾拒绝前来，胡双自告奋勇前往劝说，软磨硬泡下终于打动了嘉宾。"那时候的我可以说是毫无保留。"凭借这份热情，胡双全身心地投入给老编辑们"打杂"的工作当中。这看似琐碎，却让他逐渐熟悉电视节目的流程。耳濡目染之下，他的导演意识逐渐萌芽，"可能在节目中有很多细节你无法掌控，但你必须明白节目的方向，明白究竟怎样给观众'会心一击'"。胡双也学会了不断反思此前的自己，"缺少受众意识和责任意识，对媒介与社会责任之间的关系不够了解"。胡双在偶然得到《艺术人生》节目《温暖》系列的采访机会后，三句话问哭张柏芝，开始崭露头角，并终于获得采访《温暖》系列所有嘉宾的机会。

机遇带来的是更大的舞台，也是更为严苛的考验。胡双的成长过程也并非一帆风顺。一次采访结束后，他被同行的前辈评价为"你根本不像一个中央电视台的编导，你问的都是傻问题"，他一夜未眠。为了弥补采访环节上的薄弱，胡双学会了"泡嘉宾"。他曾经在胡松华老师家里住了三天三夜，和他聊天挖故事；也曾和抗争癌症的女演员岳红促膝长谈一夜，最后对方说："你怎么成为世界上最了解我的人了？"同时，他也意识到过去的自己将太多重心放于节目策划上，却忽视了技术的磨炼，于是他从头开始学习剪辑与编排，常在剪辑室待到深夜。这样连轴转的生活持续了一年多。他就这样，因热爱而努力学习，在反思中不断成长。

不忘初心，方得始终

2005年，胡双离开了《艺术人生》这一王牌节目。当时，所有人都未曾意料到他的选择，他却觉得，“那时候我特别想做一些改变”。胡双转身去了新生节目《文化访谈录》，却发现这是“一块更硬的骨头”：这是一个文化口岸型的节目，关乎国家文化政策的宣传，要求制作团队对整个中国文化、社会、历史、政治有极为深厚的积累与深刻的理解。胡双又重经当年在《艺术人生》打杂的时光，半夜三点还在大雨中搬运录像带，过年放假时也一人待在机房中研究剪辑。他鼓励自己：“年轻时候多做一些自己不擅长的事情是有好处的，可以让短板变长。”十年《文化访谈录》的制作生涯让原先偏好欧美音乐文化的胡双体会到中国传统文化的力量，他仍记得在拍摄昆曲主题的节目时，各个年龄段的技术人员都在哼唱昆曲，“它的音乐性和美感实在太强了”。《文化访谈录》节目的高度也帮助他培养起审视整个中国历史文化、审视当下时代的大局观。

30岁那年是胡双人生的分水岭。他被任命为《文化访谈录》的制片人，是最年轻的制片人，同年他还成为北京大学影视艺术学专业的博士生。但风光的背后，隐忧渐现。从技术岗到管理岗的变化，让胡双感到创作的精力被太多的琐事牵扯，并且，制片人的身份意味着他需要自己决定整个节目的方向，而他发觉自己缺乏独立的思想意识。同时，中国传媒行业迎来了巨大变革，互联网视频平台迅速发展，自媒体如雨后春笋般崛起，整个业态发生了剧烈变化。而《文化访谈录》因受题材限制，在收视竞争中本就不占优势，如今还要与视频门户网站节目进行竞争。不少同事纷纷离职投身新媒体行业，并且干得风生水起。这一度让胡双感到迷茫，他也曾动摇犹豫，不时扪心自问：十年前那个拎着行李、孤注一掷来到中央电视台的年轻人，可曾预想到十年后的自己竟是这样一副光景？

结论是，他选择继续留下：“我还没有创作出自己想要的作品，在这儿想做的事儿还没做完。”

回顾自己走过的传媒路，胡双感慨，人生不论是直线还是曲线，最终还是回到你最喜欢并且最擅长的事情上。而之前做过的所有事情都会成为自己成长的滋养，成为自身人生版图的一块。对他来说，在中央电视台这个亟待变革的平台上创作新的节目，正是真正让他觉得充满正能量的事——“是我双脚最应该站立的土地”。

胡双采访郎朗（左一为胡双）

采访小记

见到胡双老师的第一瞬间，我的脑子里蹦出的第一印象就是——文人。文人总带着点清高，在采访时意味着难以搞定，于是在开口之前，我就已经在因不确定自己的学识能否支撑这次采访而惴惴不安。

然而，胡双老师却完全打破了我的预设。他的语气温和平实，难见自夸。“反思”一词几乎贯穿了他对整个人生经历的回顾。实践先行让他积累了远超同龄人的经验，但是也留下诸如“没有来得及好好研究学术”的感叹，缺乏阅历则让他在工作中存在瑕疵与迷惘。这些遗留的缺憾被胡双老师以反思的姿态捡起，填充在他人看来非常光鲜的履历里，勾勒出一个鲜活的传媒人形象。

胡双老师看待事物的角度、对待世界的态度都是难得一见的温柔与包容。他的叙述中有许多富有张力的细节与柔软的情感，在《艺术人生》与《文化访谈录》两个节目组中带着些苦涩的学习过程，也都已被他吸收成为自我成长的养分。

对世界报以平和朴实的视角，拥有柔软的感知触角，这样的创作者镜头下的作品，又如何不充满打动人心的力量呢？

采访时间及地点：

2019 年 5 月 29 日，35mm 咖啡（杭州通普店）

采访及撰稿：

陈芷茵　新闻专业2016级本科生

图片来源：

胡双

余建斌

别止步于幸运

余建斌，浙江慈溪人，人民日报经济社会部主任记者。本科毕业于同济大学机械工程系，硕士毕业于浙江大学新闻系。2005 年 8 月进入人民日报，现主要从事科技领域的新闻报道，长期跟踪报道载人航天、“嫦娥工程”、“蛟龙”深潜、国产大飞机下线等国家重大科学工程。2008 年曾随南极科考队采访 140 天，见证了中国在南极冰盖最高点建成昆仑站的壮举。曾跟随中国海监编队进入钓鱼岛领海，近距离巡航钓鱼岛。于 2016 年荣获第十四届中国青年科技奖。

“作为一名科技记者，我还是蛮幸运的。”能够见证、记录与国家、社会发展进程息息相关的大事，无疑是一名记者内心的荣耀。

在迄今近14年的人民日报记者生涯中，余建斌曾随南极科考队采访140天，见证了中国在南极冰盖最高点建成昆仑站的壮举；也曾跟随中国海监编队进入我国钓鱼岛领海，近距离巡航钓鱼岛。载人航天、“嫦娥工程”、“蛟龙”深潜、国产大飞机下线等国家重大科技工程也都曾出现在他的笔下和镜头中。

“新闻在路上，不是仅仅看见沿途所见的风景，不是到此一游只留下照片，而是要把经历转化成阅历，把见闻提炼成感悟。”或许，这是余建斌作为一名科技记者能够获得中国青年科技奖的缘由之一。

始于兴趣，忠于成就感

“转学新闻，主要是因为兴趣。”从同济大学机械系到浙江大学新闻系，余建斌将理工科背景与对写作的喜爱融合到了新闻工作中。

“一直对社会学、人类学抱有浓厚兴趣，觉得新闻专业这种将采访写作和了解社会相结合的领域，比较符合我自己的性格和期待。”得益于这种跨学科经历，余建斌在人民日报主要从事科技报道。理工科背景帮助他快速进入状态，使他和科学家的交流、对科技的了解相对更有效和深入，对科技新闻的价值和意义也把握得相对更理性、准确一些。

14年其实并不长，与其说是坚守，不如说是始终在收获和积攒珍贵的成就感。作为权威和主流媒体，人民日报一直是新闻学子的理想圣地之一。身处其中，余建斌深觉“这是一个以业务为导向的环境，只要你稿子写得好，就会有广阔的发展空间”。

正是因为有了一个好的平台，他有更多的机会亲身参与、见证、记录中国的重大科技成就：2008年他曾随中国第25次南极科考队前往南极，专栏《我随雪龙闯南极》成为读者与南极大陆对话的桥梁；上到“神舟”飞天、下到“蛟龙”潜海，这些政府工作报告中提到的科技成就，他都作为一线记者进行过采写和策划报道。在余建斌看来，人民日报的大院给人一种身处大学校园的感觉，“能够让人静下心来打磨稿件，提升自己的能力”。

如今，新媒体发展迅猛，媒体人从传统媒体“出走”，在大众眼里似乎已司空见惯，而新闻业危机、传媒不景气的说法也屡见不鲜。余建斌面对这个急剧变化的媒体生态，虽没有大谈理想与情怀，但那份从始至终的喜爱铸就了他对这份职业的坚守，“对我来说，最重要是有种成就感。在这个平台上，自己能做的事情很有意思。这个平台独一无二，能使自己对未来与理想有所期许”。

南极科考队随行采访

要专业，也要人情味

对于余建斌而言，科技新闻报道不仅仅是“遇见另一片天地”的独特与辽阔，也是触动人们内心共鸣的微小与美好。

2018年5月，一段记录林俊德院士生前最后时光的视频在网上火了。这也使余建斌在院士逝世后不久撰写的报道《大漠铸核盾，生命写忠诚》再次走进大众视野。自媒体“侠客岛”转载这篇文章时，在开头引用了余建斌的感受：“写稿子的时候，写一会儿，就出去办公室到外面抹把眼泪，眼泪流多了就假装洗把脸。一个人能带给人们的精神震撼，是如此巨大。”

科技的力量能强大国力，让生活更美好，也能触动人心。“科技新闻需要有人情味，这不仅仅体现在科技人物的报道上，很多的科技报道也需要情感的元素。科技新闻并不像大多数人以为的那样‘高冷’。”余建斌认为，科技记者的使命就是要搭建好科学家与大众之间的桥梁。在很多情况下，科技新闻写作的主要任务是“转译”——把科学家的专业化表达、科技领域艰深晦涩的术语转述为读者看得懂、乐于读的语言，用讲故事的方式将科学发现、科技进展呈现给读者。2013年，“嫦娥三号”成功登陆月球表面，余建斌用第一人称写了十余篇拟人化的月球车《玉兔日记》，获得一致好评。从《月亮，我来了》《“直飞”广寒宫》《激动紧张的着陆前夜》到《月球之旅，没有遗憾》，让万千读者的心无时无刻不被远在月球的“玉兔”牵动着。

信息爆炸的时代，科技新闻难免遭受虚假消息的侵蚀。不久前引发舆论震荡的基因编辑婴儿事件也为科技新闻报道敲响了警钟。余建斌认为，科技记者除了需要具备丰富的专业知识储备、质疑与批判的精神外，还需要有人文伦理的关怀。这其实也是“人情味”的一种体现，“比如基因编辑，虽然技术成熟，但是怎样使用才能对社会、对人类的长远发展有益，还需要进一步的讨论。”

技术常新，但内容始终是第一位的

回顾从业历程，余建斌对技术驱动传媒业态的变化与发展印象深刻。从新闻门户网站、博客到现在的微博、微信；以前讲新闻报道，现在谈内容生产；从前叫稿件，现在是文字、图片、视频、H5组合的各种新媒体产品……

“不过，对内容的需求是永远不变的。现在，追逐渠道的野蛮生长时期已经过去，腾讯、今日头条、百度、网易等不少互联网平台都开启了招募优秀作者的计划。渠道铺设好了，最终的竞争就是优质内容的竞争。”余建斌对传媒行业的发展有着非常理性的认识。

媒体融合时代对记者提出了新的挑战。一方面，记者要锻炼好脚力、眼力、脑力、笔力，在长期的新闻实践中练就扎实过硬的采编业务“真功夫”。为此，记者要勤于跑新闻现场、敢于吃苦踏访人迹罕至的地方。另一方面，记者还要适应新的传播方式去生产内容，“上面千根线，下面一根针，记者就是这么一根针”。余建斌说，不同形态的传播渠道提出的需求，其实最终都落到记者本身——从一篇报纸上的深度报道，到微博上140字数限制下的精练呈现，再到在微信上如何通过H5以互动、游戏的形式传播信息，都取决于记者采写的初稿或者说原始产品。

余建斌对目前广为流传的媒体转型阵痛的说法持保留态度。“传媒业并没有不景气，该做的新闻依然必须追着去做。不过，在经营和广告领域方面，互联网确实进来分了一杯羹，这也是媒体和技术发展的趋势。换个角度看，互联网媒体、新媒体或是自媒体，其实也是传播载体乃至传媒。因此，无法定论整个传媒业不景气，或许可以说，在媒体融合的大潮中，出现了新的变化与迭代。”主流媒体不仅在坚守，而且在拓展、在转型升级，人民日报的“两微一端”新媒体就做得风生水起，在国内数一数二。一方面，凭借自身的权威性和努力，人民日报能够获取不错的采访资源，“每次航天飞行任务，我们都有机会提前独家采访航天员”；另一方面，人民日报抽调骨干力量，招聘新媒体人才，早已积极地在新媒体领域谋划和布局，“大家可能不知道，侠客岛、学习小组这些自媒体，也都是人民日报的创新之作”。

保持热爱，保持清醒

余建斌不止一次强调，成为一名科技记者很幸运——可以让人亲身接触重大、前沿的科学发现，遇见一群有意思的科学家，让自己的足迹和视线遍布常人难以抵达的现场，并获得宝贵的生活体验。“人民日报的科技报道领域十分丰富，既有当下流行的IT、互联网、人工智能等，也有基础研究和一线科技研发，上天入地无所不包。”

试乘国产客机 ARJ21

从事科技报道需要做什么准备？余建斌认为，首先要对新事物、对科技领域保有浓厚的兴趣，“有兴趣，这就不仅仅是一个工作、职业，还会是一份自己追求的人生事业”。同时，也要有意识地丰富自己的专业知识储备，培养自己的科学思维，“当你进入这个领域，一开始确实会眼花缭乱。通过结合热爱和理性，我们可以更有效地发掘有价值的新闻，准确判断真正的科技成就，并让科学家们敞开他们的内心世界”。

采访小记

在采访余建斌学长前，他在2008年11月随南极科考队出征、随行采访140天的报道早已令我饱受震撼、心生景仰。特别是在现在“新闻已死”“媒体不景气”的一片唱衰之声中，余建斌学长长达十几年对新闻事业的坚守与热爱让新闻学子备受鼓舞。不同于调查记者，在绝大多数的领域，记者只是旁观者和记录者，但余建斌学长的经历让我意识到，“能见证大事件，是一名记者的幸运”。梦想着自己的生命状态能通过文字记录下来，哪怕将来能影响很少的人，总还是有意义的。特别是在新媒体蓬勃发展、多种声音和观点迸发的时代，有阅历的深度、有深度的阅历更具竞争力。学长的履历实在太过出彩，基本上近年来堪称大国重器的科技项目和工程他都作为一线记者策划报道过。但是，在短短几次交流中，我却明显感受到他为人的儒雅与谦逊。采访那几天正值他工作任务最为繁忙的时期，他不仅因为工作不能及时反馈而频频致以歉意，还在深夜两点多回复我的消息。我想，也许是因他曾见过另一片天地，故而内心愈加宽广温和。

采访时间：

2019 年 3 月 11 日

采访及撰稿：

李璇　传播学专业 2018 级研究生

图片来源：

余建斌

魏董华

三张清单里的使命担当

魏董华，2010 年本科毕业于浙江大学人文学院中国语言文学系古典文献学专业，后保送进入中国人民大学攻读汉语言文字学硕士研究生学位。在本科就读期间，曾任浙江大学人文学院团委学生会宣传部部长、浙大文联主席。现就职于新华社浙江分社，任对外采访部副主任。

对于2006年的夏天，魏董华有两个最为深刻的记忆，一个是齐达内“惊世一顶”遗憾错失大力神杯，另一个便是收到浙江大学的录取通知书，进入浙江大学人文科学试验班学习，自此他的人生开启了新的旅程。如魏董华所言，“路子对了，比别人慢一点也无妨”。本科阶段，魏董华在人文科学试验班学习，随后选择攻读古典文献专业，浙大毕业后保送到中国人民大学中文系读硕士，2013年从人大毕业后，考进了新华社浙江分社，如今已是一名优秀的新华社记者。从求是园到新华社，魏董华走出了一条自己的路，多年的学习和工作感悟也让他更加确定脚下的路。

2016年9月，魏董华在G20杭州峰会采访

一介书生的报国心

魏董华一直认为，他身上最深的烙印是浙大打下的，即使是三年的“北漂”生活，也能“漂去”他身上的南方人气息。考进新华社浙江分社后，记者这份职业的使命在他脑海中慢慢清晰起来。

在新华社的五年，魏董华一直奋战在新闻一线。五年，说长不长，说短不短，但在浙江这个经济大省，他走遍了11个地市，80%以上的县区，采访过宗庆后、李书福这些浙商大佬，也采访过一些叫不上名来的中小企业主。当年和他一起入社的几个"初生牛犊"似的小年轻们，志同道合，意气风发，满脑子都是"书生报国""新闻理想"，想要用满腔热血来抵抗"黑暗"。他们就像是罗斯福总统口中的"muckraker"（扒粪者）一样，有志于揭露社会丑闻、坚守社会正义。虽然年轻，但有锐气，凭借着一股冲劲，他们改变了一些事情：收了20多年的手机国内"漫游费"如今彻底退出历史舞台；一度野蛮生长的互联网彩票至今还在关停，暗访揭露汽车尾气检测造假、倒卖环保标志事件之后，国家出台机动车尾气排放检测管理新规；起底宁波涨停板敢死队；起底私募大佬徐翔；等等。

可是，美好的理想还是敌不过残酷的现实，那些曾经和他一块儿喝酒吃肉、一块儿侃大山、一块儿埋头"扒粪"的至交好友纷纷离开了记者行业，团队里只剩下几个寥落的"守园人"。当2015年普利策新闻奖得主库兹尼亚（Rob Kuznia）用实际行动告诉同行"去做公关吧，起码你还能付得起房租"，当很多曾经是十分优秀的调查记者的"前同事们"转投到大公司麾下，魏董华也时常问自己：面对那些伸向自己的橄榄枝，动摇过吗？犹豫过吗？又是什么力量还在牵引着自己，放不下手中的笔？记者笔下有财产万千，笔下有毁誉忠奸，笔下有是非曲直，笔下有人命关天，别人都叫记者"无冕之王"，对于记者来说，他们又认为自己所从事的是一种什么样的职业呢？对于以上这些问题，魏董华用了记者生涯中的三张清单来回答。

一位老人的一张清单

第一张清单，大概是三年前，魏董华采访的一位70多岁的老人给他的。外界给老人的标签是“首富”“饮料大亨”“风云浙商”，但老人在采访过程中告诉魏董华，别看他们这些民营企业家在外面好像风光无限，实际上也是在夹着尾巴做人。有一次他在路上被人用刀威胁，左手被割伤，造成4根肌腱断裂。当老人伸出左手时，魏董华看到，一只曾经把一家校办工厂办成全球知名企业的手如今却连伸都伸不直。更让人唏嘘的是，行凶者关了几天就被放了出来，因为老人是当地知名的企业家，他害怕背后遭人议论，害怕社会误解，怕谣言满天飞，怕最后给企业带来负面影响，所以他选择了沉默，放弃了追诉的权利。

魏董华采访娃哈哈董事长宗庆后时的合影

但是，有一些事老人绝不会沉默，更不会放弃。采访中，老人把一份长达5页A4纸大小的账单交给魏董华，上面是企业2015年的规费清单，涉及317项共计4171.3万元。这是他定期让全国分公司汇总统计上来的涉企收费，当时全国只有他在做这样的事。采访结束后，这份清单通过魏董华最终放在了总理的案头。在国务院常务会议上，魏董华参与撰写的调研报告被拿来讨论，并推动了后续一系列减费降税的全国性政策出台，各地部门开始针对涉企收费进行大规模的整改。此后，全国上下都开始给企业减负。

这位老人叫宗庆后，是娃哈哈集团的董事长。

这次采访给魏董华的震撼至今仍未消去，这也让他想起一位老领导时常说的话："新华社记者上可以敲开总理的办公室大门，下可以叩开一个基层老百姓家的房门。"在魏董华的认知里，作为新华社记者，就要上接天线，下接地气。只有深刻地认识国情，才能时刻保持清醒，记者绝不是一群只会唱赞歌的喜鹊，有时候也要做一只乌鸦。

一位村干部记事本上的一张清单

第二张清单是魏董华在浙江西部山区采访时看到的，它来自一个黑黑瘦瘦的女人。2016年国庆前夕，浙江丽水遂昌发生了山体滑坡事故，在事故现场，魏董华采访了她。为了不打扰救援工作，魏董华一直默默跟随着她。她身上有一个小本子，在救援现场，她不管走到哪里都带着它，小本子的第一页是一串长长的人员名单：

"29号中午12点，苏某兰；

晚上6点，苏某萱；

晚上8点，王某莲；

晚上12点，苏某达；

……"

在采访中魏董华明白了，原来，每挖出一具遗体，她就在本子上写下时间和人名，每写下一个名字，意味着这场山体滑坡事故遇难者人数又增加一人。这份名单上以及名单外的每个人的生命都在牵动着这个女人的心，当地村民对魏董华说，滑坡时所有人都往山下跑的时候，只有她往山上跑。魏董华至今还记得，救援工作进行了48小时，她只合了2小时眼，她的电话一刻不停地响着，她摊开手掌，上面密密麻麻全写着电话号码。上面千根线，下面就她这一根针。平时在村民眼里，她是他们发家致富的“靠山石”，而在发生事故之后，她又成了他们的精神支柱。

她叫华素萍，是遂昌县北界镇苏村的党支部书记。

魏董华知道像华素萍这样的基层干部，中国有千千万万，很多时候，他们都默默无闻，但关键时刻能力拔千钧。从救援现场回来后，魏董华一直在思考：一个典型人物应该怎么写？高大全才是英雄形象吗？榜样不能有普通人的七情六欲吗？其实，记者不是在“塑造”而是在“传递”形象，记者写一个人，首先要把人物可亲可信的一面展现出来，说到底他们首先是普通人，要让读者真正走近这些值得尊敬的人物，切实产生共鸣，记者的文字就要忠实于人物，拒绝形式主义，说人话，不说空话套话，让读者愿意看、听得懂、记得住。这也是魏董华从事记者以来对自己的一贯要求。

一位女企业家办公室里的一张清单

第三张清单是2017年12月魏董华在北京采访的一位女企业家交给他的，用魏董华的话说，这份清单背后是无数个中国民营企业的筚路蓝缕和砥砺奋进的历程。

采访中，这位女企业家告诉魏董华，她的团队发现，往汽油中添加一种燃料，混合成一种清洁能源，能够减轻雾霾，利国利民。但就是这样一家企业，审批了6年，盖了3000多个章，还没正式投产，以至于她说起自己办企业的经历时都痛哭流涕。在公司里，魏董华看到她把企业从“工商登记”开始到试生产阶段所有盖过的章都一个个数出来，统计成了一份清单。这里甚至专门有一间会议室用来存放审批材料，桌子上、椅子上堆满了一摞摞审批报告。

魏董华关于这次采访的调查报告最后得到了中央多位领导的关注和批示，国务院为此专门成立调查小组。但是就在一个月过后，魏董华接到了她的电话，她住院了，病得很重，她在电话里哭着说，调查组刚走，当地政府就找了税务局过来，又是查账，又是罚款，但是对企业遇到的问题都推得一干二净。她说，总认为能坚持下去的，但现在越来越寒心。

她叫戴丽莉，是中国1000多万家民营企业中普普通通的一位女企业家。

魏董华说，作为新华社记者，他们是民意输送的渠道，他们手中的笔不属于他们自己，这个时代、这个社会郑重地把笔交到他们手中，他们的责任就重于泰山。人民至上，不仅要脚下沾满泥土，视线围绕群众，更要努力使人民的政府更好地为人民服务。

2018年7月，魏董华在浙江慈溪调研外贸企业受中美经贸摩擦影响情况

时代需要坚持正义的记者

作为一名国家媒体的记者，面对当下纷繁复杂的社会，如何选取和表达新闻，是魏董华一直在思考的问题。他始终认为，主流媒体要告诉公众的真相，不仅要坚守不虚构、不杜撰的底线，更要从宏观上真实把握和反映事物的全貌，绝不能一叶障目。坚持新闻真实，就是要杜绝哗众取宠，力戒似是而非，通过“实其事”努力做到“求其是”。

求是，也正是浙江大学深层次的精神基因，是深深植入他骨髓的烙印。

一个大的时代都是由一个个微小的个体组成，并由这些个体创造的。一个国家离不开基层的干部、企业家、老百姓，也同样离不开一个冷静而感性的倾听者、一个能够独立思考的记录者、一个追寻真相的观察者。个体在时代变化面前或许无能为力，但真相永远是公众需要的，每个在其中的个体都不应该忘记自己的使命与担当。魏董华相信，只要那些为了真相，为了理想，为了保护被侮辱、被损害的人的合法利益而执着奋斗的记者还在时代的洪流里挣扎着、呐喊着、坚守着，那么，明天就能再多一份美好的希望！

采访小记

收到我们的邀约，魏董华学长非常热心，直接为我们撰写、提供了访谈的基本内容与框架，我们只需在此基础上进行完善与润色。通过邮件互相联系，学长积极回应、解答我们的相关疑问与要求。更令我们触动的是，从字里行间能够感受到他对记者这个身份的担当与热忱，对职业未来的坚定与信念。

《新媒体环境下中国调查记者行业生态变化报告》显示，2017年全国在册新闻调查记者仅有175人，而在6年前，这个数字还是509。调查记者数量的锐减，原因并不是人们对真相的淡漠，而是对现实的妥协。移动互联网时代与娱乐时代的叠加，让共鸣淹没了获知，让情绪淹没了思考，让猎奇淹没了执着。而学长仍然在坚守着，坚守实现社会正义的迫切感，坚守揭开社会浮华背后真相的锐气。正如他所说的，要通过“实其事”努力“求其是”，日夜辛劳的洞察不一定就是事实的全部，只有不断地挖掘与深入，才能逐步地接近与还原真相；在这个过程中，要保持客观冷静的立场，拒绝任何个人色彩的加入，只有对真相的全面揭示，才是对公众的负责。谨以此小记，致敬像魏董华学长这样忠实记录我们社会与世界变化发展的执笔人。

采访时间：

2018年10月23日（线上采访）

采访及撰稿：

郭圣钰　编辑出版学专业2015级本科生

陈怡雯　编辑出版学专业2015级本科生

图片来源：

魏董华

只问是非　不计利害

你可曾见过，实验室里的彻夜灯火，图书馆内的书海文山？你可曾见过，划过长空的国产战机，奇幻瑰丽的深海极地？在科技的尖端锐意进取，在思想的边缘吐故纳新，一批批浙大人在求是园里浅尝学术而不止步履，走向高校和研究所。他们，或是在母校走上讲台，完成从学生到教师的转变；或是奔赴远方，将竺可桢老校长“只问是非，不计利害”的箴言付诸实践。追忆往昔，也许正是浙大的课堂点燃了他们的求知欲望，正是浙大的实验室使他们将科研的苦涩和甜蜜初尝。他们也感谢倾囊相授的恩师，风雨同舟的同窗。当他们结束在浙大度过的学生时光，扎实的学科知识、充足的科研锻炼体现着他们的职业素养；而求是的精神底蕴、创新的时代豪情则是他们作为浙大人的独特光芒。

陈积明

扛起主责、抓好主业、当好主角

陈积明，浙江瑞安人，2000年和2005年分别获浙江大学学士和博士学位。2008—2010年在加拿大滑铁卢大学访问。现任浙江大学信息学部副主任，浙江大学学术委员会委员，工业控制技术国家重点实验室副主任，浙江大学工业控制研究所所长。2010年12月起被聘为浙江大学教授，2015年入选教育部长江学者奖励计划。曾获国家科技进步二等奖、教育部自然科学一等奖、教育部科技进步一等奖、教育部霍英东青年教师奖、IEEE通信学会亚太区杰出青年研究学者奖等，是IEEE车载技术学会杰出讲师（Distinguished Lecturer）（2015—2018）。2018年当选为IEEE会士（IEEE Follow）。

20年，看似那么短暂，我们从懵懂的孩子成长为浙大求是人，气势恢宏的四校合并只是我们回首校史时的一句话。

20年，看似那么漫长，从本科到硕博再到留校工作，陈教授与新浙大一起前进，相互见证了彼此的发展。

在陈积明看来，自己的每一步都是那么平淡无奇，只不过是做好自己应该做的事罢了；但在我们看来，扛起主责、抓起主业这句话说起来容易，可是又有几人能真正做到？20年的“平凡”之路如同陈积明的独角戏，物转星移、纷繁迷乱、主角依旧。

可以说，这20年的平凡所积累而成的是令人无法企及的不平凡。

而做自己该做的事，便是他朴素而又充满智慧的信条。

学生专于学习

在采访陈积明的过程中，他的大学生活被描述得平淡无奇。1996年，他在竞争激烈的高考中取得一个不错的成绩，从此便开始了在浙大的求学生涯。只不过当时的浙大不同于今日的浙大，近20年的迅速发展已经让我们想象不到当时环境的艰苦。据陈积明回忆，那时在校园中电脑是稀缺之物，班中唯一的一部台式机还是众筹购来的，我们现在人手一台笔记本电脑的场景在当时更是无从想象，当时的生活、学习条件以现在的眼光来看可谓“相当糟糕”。正所谓“宝剑锋从磨砺出,梅花香自苦寒来”，枯燥无味的生活没有磨灭学子的学习热情，反而让他们培养出吃苦耐劳的品质：除了平常看看录像、参加些课余活动之外，便只剩下数不胜数的专业理论课学习了。这不禁让人感慨：今天的大学生，学习生活日益丰富，但是否也失去了一些作为学生本应该具有的刻苦学习的品质呢？

遗憾的是，陈积明与当时为数不多的保研名额失之交臂。不过塞翁失马，焉知非福，由保研转变为考研，给了当时仍在迷茫的学子更多选择的机会。“那时候觉得控制学院是代表自动化发展方向的一个上升力量”，因此他尝试从电机系的工业自动化专业转到控制学院。离开原来的老学科，陈积明开始了新的征程，如果以现在的视角去看待那个决定，当时的选择无疑是正确的。

没有我们正在享受的丰富多彩的大学生活，有的只是十几年如一日在学术领域的辛勤耕耘。在陈积明看来，作为一名学生，学习便是他的主业，而那些大学的活动、社团工作则是一些量力而行的事。“抛弃学习便是本末倒置”，这是陈积明在大学时代的信条，也是他对当今大学生的忠告。

荣誉源于求知

在陈积明看来，大学生应该也必须以学习为主业，但我们学习究竟是为了什么？

一些人的答案也许是更多的荣誉或更好的未来。

而他给出的答案是：学习本身便是目的。

取得的成绩与荣誉是紧密相连的，以一方为主并非完全舍弃另一方。相比出于评奖学金和保研资格的目的来做大学生科研训练计划（SRTP）、大学生创新创业训练计划等项目，陈积明更希望用一种不同的视角来看待：“当这个工作告一段落时，就会发现这些荣誉是水到渠成的。”当我们在争取到高绩点、奖学金之后，要认真思考自己的初衷，到底是为了荣誉而学习，还是让荣誉伴随学习而来。可能在外人看来结果上并没有什么很大的区别，但其中的格局和对今后的影响，可谓天差地别。

陈积明向我们讲述了他亲身经历的一件事：由于没有海外学习工作的经历，2008年他在学校新星计划的支持下作为访问学者前往加拿大滑铁卢大学进行交流，开始了对海外科研制度的学习，他把这次出国经历当作一次向海外实验室看齐的难得机会。访学归来后，一些国外实验室的经验与做法也被他带回浙大：如何跟学生交流，如何管理团队，如何分配任务，等等。如今，在陈积明所在实验室中还保留有每周开组会的制度，这便是借鉴自遥远的加拿大实验室。对于管理制度和方法的学习，使得他在之后的工作中能够更加得心应手地应对管理中出现的问题。

师风缘于传承

陈积明十分关心学生的教育问题，在采访前，我们便遇到他与两名大二的学生谈论有关SRTP项目的问题。“我一直坚持一个原则，就是本科生有约的话肯定会抽出时间，不管这些学生是在我课题组里做SRTP还是仅仅来了解一般的方向性问题，我都会腾出时间来，跟他们交流。”在他看来，学生的主业是学习，而老师的主业是育人。帮助每一位学生解决问题，便是他作为一名老师的主责和主业。

对学生的关怀，并非一时兴起，蕴含其中的是师风的传承。

陈积明研究生期间师从孙优贤院士，当在采访中提到孙院士时，他感慨万分。他把实验室比作一个大家庭，身边的同学就像兄弟姐妹，孙先生作为家长在生活中和学习上处处关照他们，这也潜移默化地影响了学生们。陈积明说，孙先生当时的学生如今都或多或少地保留有他的风格。这种实验室文化类似于一种家风，一直流传，未曾间断。

多年来，孙先生一直在用行动展示什么是优秀的师风。在陈积明的回忆中，孙先生的话语从来没有苛责，只有鼓励；无论大事小事，都是亲力亲为。老师如此，所带的学生怎敢偷懒？他的高尚品格深深影响着他的每一位学生。

在陈积明对于学生工作的回忆中，最为清晰的是刚参加工作时的一件事。当时，一名硕士生一直计划去美国攻读博士学位，却突然因为家庭原因决定放弃。刚刚参加工作的陈积明因缺少经验而不知所措。最终在孙先生的指导下，陈教授尽心尽力帮助这名学生解决了家庭问题，圆了他留学的梦想。这件事深刻影响了他的育人理念。如今，大多数人的生活条件已经好了很多，但每当有研究生新生报到时，他依旧会先询问一下他们家里的情况，并通过学校的助学金或者自己直接资助的形式来帮助学生解决困难，绝不让任何学生因为家庭困难而影响其接受教育、开展科学研究。

孙优贤院士与陈积明教授的合影

研究成于坚毅

当被问到自己的研究方向时，陈积明反客为主，自己提出了一个问题：“如何实现研究方向的转型？”对这个问题的回答对应着他学术生涯中的一个重大转折。陈积明在博士期间的主要研究方向是实时嵌入式系统，而之后转向传感器网络的研究缘起于一次外出访问的经历，当时世界上正掀起一股传感器网络的研究浪潮。这一类似交叉学科的研究方向在当时吸引了许多不同领域的人参与，刚刚博士毕业的陈积明也开始跟随这一世界潮流。但这一方面的研究刚刚起步，参与的人们都抱有一种试探的态度，对于经验尚浅的陈积明来说，研究方向的转型更是一个巨大的挑战。

十多年过去了，曾经小众的研究领域如今蓬勃发展，陈积明的研究也小有成果。当提及当初坚持转型的原因时，他提到两点：一是身边的人的支持，在一个领域的最初阶段，任何人都会没有信心，老师的鼓励和同事朋友的帮助支持给了他最初前进的动力；二是秉持用事实说话的信念，科学最需要实事求是。陈积明说："获得学术圈的认同很简单，只要能够做出成果，就会得到同行认可，没有人会因为你是这个领域的新手而轻视你，只会因为没有成果而轻视你。"

提到这些年来的科研历程，他既怀念又感伤。"二十年过得很快，一眨眼就从一个新员工变成一个老员工了。"从传感器网络到物联网、数据分析，再到系统安全，整个研究方向一步一步迭代，紧密相连。曾经种下的种子如今已经开花结果，不断成长，陈积明在这条不断开拓的新路上也越走越久、越走越远。

陈积明简洁地点出了大学对教授的两个要求——教育和学术，这也将是他未来不断努力的方向。向社会输送更多优秀的人才是他一直以来努力的目标，当提到自己的学生在国内外知名高校学习工作时，他的自豪之情溢于言表。正如他自己所说："不负浙大，不负学院'双一流'A+学科的声誉。"

结 语

二十年风风雨雨，陈积明从浙大学子成为浙大教授，也许他在不同的时期、不同的职位中扮演过不同的角色，但有一点是自始至终没有改变的，那就是他永远知道自己该做什么，并且在一直在做应该做的事。“主责主业”的概念在不同人、不同时期、不同环境中均有所不同，发现它、认可它、践行它，便已经在看似平凡的道路上走出了极其不平凡的一步。

采访小记

采访过后，也曾被问起采访教授有何感受。或许是因为我们都来自浙大，来自控制学院，所以并没有想象中的那种与名人交谈的隔阂。在访谈过程中，陈老师亲切得像个大哥哥。

那天，提早了十分钟来到陈老师办公室门口，就听到陈老师在给学生们指导 SRTP 课题。心里微微有一些紧张，毕竟他科研繁忙，而我们因为任务在身需要占用他难得的休息时间，实在有些不好意思。

交谈过程中，让我们印象最深的就是陈积明教授反复提到的“主责主业”这四个字，这也是他对自己人生发展历程的简单概括，平凡的话语中又透露着不平凡。

陈积明教授的话让我们开始更多地反思自己的学习生活，反思当下大学生的现状，我们有幸拥有多元化的大学生活，却心态浮躁，陈教授认为作为学生理所应当做的事情，或许正被我们忽视着。

我想这便是本次访谈的意义所在，面对面的交谈，打开了两个时代大学生的沟通渠道，借助前人的经验，发现自身的欠缺。

采访时间及地点：

2019 年 4 月 5 日，浙大玉泉校区工控新楼

采访及撰稿：

许宁 自动化（控制）专业 2018 级本科生

孙鹤铭 自动化（控制）专业 2018 级本科生

图片来源：

陈积明

李寒莹

在科研中感受强大的生命力

李寒莹，1980年生，福建厦门人。1998年进入浙江大学高分子科学与工程学系攻读学士学位，毕业后继续深造并于2005年获得浙江大学高分子科学与工程学系硕士学位。2009年获美国康奈尔大学材料系博士学位。此后，在美国斯坦福大学做博士后研究。2011年年底回到浙江大学工作。现任浙江大学高分子科学与工程学系教授、博导。在国家基金委杰出青年科学基金等项目的资助下，挑战世界前沿科技难题，致力于将材料有序化与复合化思想有机融合，并面向光电应用，形成“单晶复合有机光电功能材料与器件”的独特研究方向。曾获2018年浙江大学优秀共产党员、新时代浙江省“万名好党员”、2017年“浙江青年五四奖章”等荣誉。

李寒莹在浙江大学度过了本科与硕士阶段的求学时光，而如今的他，已成为浙江大学高分子科学与工程学系的一名年轻教授。初见李寒莹时，他正走在校园的马路上，一身笔挺的西装，后背黑色双肩包，矫健的步伐中没有凌人的气场，干练外只有无法隐藏的激情。有着这样一副独具“少年感”的外表，平凡而朴实如他，深受学生们的爱戴。不仅如此，李寒莹总是充满能量，与他交谈时总会被他的这份能量感化——追溯其源，实因“科研”。

明确选择，定位科研

早在中学时期，李寒莹便对化学产生了浓厚的兴趣，而在化学竞赛中获得的好成绩更激发了他对化学的热爱。那时还是高中生的李寒莹，对自己的未来并未做过多打算，更未细想将来是否会投身科学事业。李寒莹只是单纯地对摆在眼前的化学问题充满好奇，这激发了他进一步探索化学的渴望，而独自解开难题时的成就感是令他最为欢喜的珍宝。李寒莹的老师见他如此醉心化学，便对他说：“等你到了大学，可以选择在那儿尽早地接触化学研究前沿。”从那一刻起，这番建议便深深地烙印在李寒莹的脑海里。

于是，刚刚步入大学二年级，李寒莹就主动联系高分子系的教授们。在与老师敞开心扉、畅谈一番后，他被允许进入实验室中尝试科研工作。作为实验室中的小小师弟，李寒莹没有丝毫松懈——他珍惜每一寸时光，用心开展每一次实验。“虽然你不知道答案在哪里，但是你会有线索。如果你顺着线索前进，你会经历螺旋式的推进上升，进而取得一小步的前进。”李寒莹感慨道，“这令人激动，因为你会从中强烈地感受到自己的生命力！”

后来，李寒莹参加了浙江大学大学生科研训练计划（SRTP）项目，这是他科研生涯起步的又一铺路石。在这个长达一年的项目中，李寒莹拿到了人生中第一个正式课题，也得到了系统性的科研训练。那一年，李寒莹还加入了竺可桢学院开设的创业管理强化班（创管班）。在那里，他结识了一群思维活跃的同学，也接触了令人备感新鲜的创业活动，开阔视野的同时也强化了发散性思维，培养了沟通管理的能力。李寒莹将这段经历当作人生中的宝贵财富，其中的收获令他受益终生。

步入大三，卯着“初生牛犊不怕虎”的劲儿，李寒莹与来自不同专业的六位朋友一同组建队伍，报名参加学校里举办的创新创业大赛。而在准备此次大赛的过程中，李寒莹的科研生涯逐渐迈入了一个更高的层次。

此前，李寒莹在创管班中了解到，市场上的打印机墨水十分昂贵，国内并没有先进的墨水生产技术。他敏锐地认识到，这是一个市场机遇。恰好墨水又是李寒莹当时的研究课题，他清楚地知道，做好墨水的关键技术瓶颈在于使颜料在体系中稳定分散。一边是创管班中了解到的市场需求，一边是实验室中正着手的研究方向，李寒莹将两者巧妙地结合在了一起，就这样确定了参赛主题。很快，李寒莹的队伍就投入研究和论证的工作当中，逐步将项目落实、做深。创新创业大赛的最终结果公布，李寒莹所在的队伍拿到了一等奖，这令他惊喜万分。不仅如此，不少投资商通过大赛找到了他们，希望将他们的项目产业化。甚至电视台也联系他们，请他们参加创业类的节目。这是李寒莹第一次如此强烈地感受到创新的重要性，他也从这段经历中认识到，创新可以为人生带来无尽可能，从而彰显出生命的磅礴力量。

既在创业比赛中崭露头角，又在科学研究领域登堂入室，大四的李寒莹面临着关键的人生选择。经过深思熟虑，李寒莹深刻地认识到，创业的前提是科技创新，唯有在科研上取得新的突破，才能有更好的创业基础。于是在大四那年，李寒莹为自己大笔挥就了蓝图——走科研这条路。

做好选择后，李寒莹也做出了实际行动。他将精力从项目产业化转移到了进一步的研究当中，为此，他不再花时间去满足投资商的需求，而是钻到实验室里，仔细琢磨项目中存在的那些触动他内心的科学问题。在取得了阶段性成果后，李寒莹将这些成果写成了他的第一篇论文，并尝试向当时在高分子学科中排名前三的杂志投稿。令李寒莹惊喜的是，文章不仅被接收了，还被该杂志邀请作为封面报道。

科研上的这一小步成功，让李寒莹再次感受到这广袤无垠的科研领域中所蕴含的巨大力量，也使他在这条道路上继续求索的决心和信心更为坚定。与此同时，在每一个脚印中，他的自信和激情也得到积累与迸发，并逐渐融入他的性格中，当人们听他演讲、与他交流时，便能近距离地感受到这股能量。

李寒莹教授（左二）

在德国第十二届Polymers for Advanced Technologies（PAT）国际会议上获得首届PAT终身成就青年奖，图为颁奖仪式。

勤于创新，严于治学

国学宗师王国维在《人间词话》中所总结的“人生三境界”发人深省，以此来阐述李寒莹作为科研工作者和教育工作者的素养也不为过。

“昨夜西风凋碧树，独上西楼，望尽天涯路。”

在科研中，李寒莹时常提出一些独树一帜的想法，但这绝非刻意的标新立异，而是由于他乐于并善于将各领域的知识体系和思维方法融合在一起，以此去发现和思考新的问题。回望李寒莹的学习经历可以发现，在本科、硕士、博士和博士后这几个时期，他所学习和研究的方向都有所不同。除了导师的建议，更重要的原因是李寒莹在学习和研究的过程中发现了许多未曾被研究过却又极其重要的新问题，而正是这些问题促使他向多个领域发起冲锋。

“我从来不担心换领域。只要它有意思，与我专攻的方向有关，我一般都会努力将它搞定。”这种跨学科的学习研究也让他受益匪浅。不同知识体系的交叉互补，启发他从不同的角度思考问题。在思维的碰撞中，他往往能发现两种事物之间的某种共性，从而用一个领域里的思维来解决另一个领域里的问题。“这是一个不错的策略。”

“衣带渐宽终不悔，为伊消得人憔悴。”

无论是身为科研创新者，还是传道授业者，李寒莹都凭借自己的满腔激情，将工作做到极致。谈到教学，李寒莹时常提起爱因斯坦的一句名言：“如果你不能简要地把事情说清楚，你就没有真正理解它。”在自身的教学工作中，他一直在践行这句箴言。为了能够用最简单直观、通俗易懂的方式讲解课程知识点，他对所有能找到的相关中文书籍都有所涉猎。某日，华南理工大学邀请中科大资深教授去传授如何上好高分子物理课的经验，李寒莹在听闻这个消息后立刻订了前往广东的机票，以目睹这位教授的教学风采，最终学习到了宝贵的教学经验。

此外，在课堂上，李寒莹通过认真扎实的备课，不仅将书本上的知识高效地传授给学生，更是在课程中融合了自己的研究成果与科学构想，为他们描绘了不一样的高分子物理图景。正因这样的结合，李寒莹的课成为最受学生欢迎的专业课之一，他的教学如阳光雨露般洒向了埋在学生心中的那颗向往科研的种子。李寒莹所做出的这些努力也受到了学生的认可，并反映在他们的选课推荐理由中。

“众里寻他千百度，蓦然回首，那人却在灯火阑珊处。”

“如果你在做一件事情的时候能感受到自己在行动时所具有的强大生命力，那这件事就十分值得坚持去做。”李寒莹如是说。他也一直觉得，自己做出的这些选择所带来的，向来是一帆风顺，而从未有过重大挫折。但科研的道路上怎么会没有挫折，也许只是他不将其视为挫折罢了。即使在科研上遇到困难，李寒莹也会为那份蕴含其中的生命力所驱动而乐在其中。他的选择从未背离自己的初心，他由此更能看清脚下的这条科研之路，从而走得更有自信、更加沉稳。

所以，向学生们谈及科研时，李寒莹总会很从容地说道：“做一个有意义的研究也没有想象中那么困难，很多好的想法可以来源于课本，来源于你从前的知识体系，来源于你和他人的交流，以及自己深入的思考。其中，真诚的沟通很重要，不仅是和书本沟通，和同领域的人沟通，更多时候是要和自己沟通。”这是他在这些年的工作中所理解的“科研”，在与自己的初心对话时，便能发现科研令人愉悦的一面，这也为创新的萌芽注入了生命力。这样的理解，或许就是李寒莹在其人生奋斗的过程中不断取得成就、收获幸福的关键助力。

循循善诱，亦师亦友

“李寒莹老师是一个孜孜不倦、尽职尽责的科研工作者，对新的实验现象往往要刨根问底。”

“李寒莹老师是一个对一切都很有激情，并且不断去追求完美的人。”

“李寒莹老师经常能在科研上提出很好的解决方法，以及一针见血的建议。”

归根结底，这些评价都源于学生对李寒莹严谨的科研态度的认同。言语上，李寒莹时常教导他们：“我们要做的‘科研’，不只是单纯的实验操作，更是深入的科学思考，因此要将智力劳动摆在体力劳动之前。我们要用研究的眼光去看待每一个具体的实验。”行动上，李寒莹在与学生交流课题前，往往会做足功课，这也是他们和他交流时会觉得他总有许多好想法的原因。如同一场完美的战役离不开一个个漂亮的战斗一样，对待科研，李寒莹要求学生带着思考去实验，不放过任何一个实验现象，尽可能多地去发现其中的各种联系。

此外，作为导师，李寒莹总是竭尽所能地为学生创造最好的学习、科研条件，不仅为他们寻找其他领域的合作者，也为他们提供出国交流的机会。李寒莹十分乐于在科研上帮助学生，推动他们建立起对科研的系统性认知，增加他们对科学事业的激情，帮助他们尽早地感受到自己在科研中所散发的生命力，进而更好地投身到创新工作之中。到了毕业季，李寒莹会邀请毕业生来自己家中做客。热爱烹饪的他也会大展身手，用一大桌美味佳肴为毕业生庆祝。师生欢聚一堂，共话未来。对于学生来说，李寒莹亦师亦友。

李寒莹（右二）正在指导研究生

李寒莹办公室的白墙上，一张张合照引人注目，那是他与毕业生留下的情感积淀。在其中一些二人合照上写着一句简短的话，照片里的学生在浙大所做的创新成果和卓越贡献就浓缩在这几个字中。李寒莹就是用这样一种方式，惦记着他曾教导过的每一位独一无二的学生。面对着这些静静挂在墙上的照片，仿佛能听见它们正诉说着一个未完的故事：那是一缕生生不息的力量，她畅游于无边无际的科学事业中，正不断成长，不断分裂，不断远播。

采访小记

在与李寒莹教授交谈的过程中，听到最多的便是“生命力”一词。而在他的言语和手势中，我确实感受到了某种能量，并且那股能量仿佛就快突破他的身体迸发出来。谁能想到，就在前一天夜晚，他还在帮学生修改论文一直到清晨五点，而一大早他又匆匆赶去开会。这一天他仅仅休息了不到三小时，而他却将疲惫深藏，使人难以觉察。

在长时间的采访过程中，渐渐地，我似乎理解了李寒莹教授口中的“生命力”与疲惫身躯里的那股能量之间的联系，那是一种对于工作的激情和热爱，这份精神力量就如同他专属的背景音乐，只要音乐一响，无论前方遭遇的是何种艰难险阻，他都能突破身体的极限勇往直前，并且不达目的绝不会倒下。所谓的无尽可能，在此等生命力面前终将坍缩成具体的现实，成为可以抵达的彼岸。所以，当他将这股生命力带上三尺讲台时，学生们总能为之感染，从而全神贯注地投入对专业知识的汲取之中；所以，当他将这股生命力投入科研之中时，枯燥繁复的实验操作也能充满趣味，在不断的思维碰撞中绽放出绚丽多姿的火花。

不仅教学、科研如此，李寒莹教授对生活也充满热情。他喜欢背着一个鼓鼓的黑色书包，这模样像极了一个活力满满的大男孩。走在路上，无论是碰见认识的同事或是学生，甚至是路边晒着太阳的小猫，他都会热情地打招呼。在采访李寒莹教授的学生时也能发现，他在生活中更像是一位能一块儿谈心玩耍的好朋友。不禁感慨：若未来能有如此导师相伴，实乃科研人生的一大幸事矣！

采访时间及地点：

2019年4月2日，浙大玉泉校区高分子大楼

采访及撰稿：

赵昕晨　高分子材料与工程专业2017级本科生

程聪　高分子化学与物理专业2018级硕士研究生

图片来源：

李寒莹

叶　晔
以时惜时，宁静致远

叶晔，1981年生，浙江绍兴人。2003年毕业于浙江大学人文学院中国语言文学系，三年后取得文学硕士学位。2009年顺利完成复旦大学文学博士学业，回到浙江大学担任中文系助理研究员，2013年成为副教授，2017年晋升教授。2018年3月入选国家“万人计划”青年拔尖人才，具有出色的科研能力与创新精神。现任浙江大学中国语言文学系教授，博士生导师，主要从事明清文学与文献研究、中国文学近世转型研究。代表论著丰富，在研国家社会科学基金重点项目“通代视域下的明词研究及其思维范式”。

大概人如其名确实有几分道理，叶的盎然沉静，晔的光华明亮，在叶晔的身上都能看到。他更像是一块气质温润的玉，已经很难看到当初磨砺的痕迹，安静站着的时候一身通透，内敛的风度光彩隐隐流动，引人亲近。与他打招呼，他会回赠一个毫无架子的笑容；与他对话，他也安静倾听，不随意打断或漫不经心。

坚持最好的选择

在浙江大学相继取得文学学士和硕士学位之后，叶晔选择去往复旦大学攻读中国古代文学专业的博士学位，后又回到浙江大学做博士后，并留在浙大，成为一名大学教师。叶晔说，从事高校教育工作是当时摆在他面前最好的选择。

2014 年摄于日内瓦卢梭纪念馆

这一职业选择与叶晔对自身性格的考量、对教师身份的认知以及当时浙大对教师的聘用机制息息相关。叶晔一直觉得自己是一个内向的人，虽然不排斥与人打交道，却不喜欢天天与社会上复杂世故的人打交道，更喜欢学校里简单纯粹的人际关系。学校中的教师主要与学生打交道，而教师与学生互动本质上是一个相互学习的过程，学生固然能从教师身上学到很多东西，但三人行必有我师，教师也会在与学生的交流中有所收获，并且经常与学生在一起，教师也能够保持比较年轻的心态。另外，当时浙大聘用一名教师的要求是需要求职者有博士后的经历与一定的学术研究成果，而叶晔恰好符合这些要求。在这三方面重要因素的共同作用下，叶晔最终从一名浙大的学生转变成为一名浙大的教师。

超越自己的极限

叶晔目前的研究方向，主要是明代文学，尤其是明代政治制度与文学的关系研究，这与他的博士论文选题有关；其次是词学研究，这是在硕士生阶段跟随本校周明初教授学有所成的领域；另外，对宋代文学的关注，是他近年来在学术兴趣上的一次转移——他抱有将宋元明文学作为近世之整体来考察的愿望。尽管近年来他的研究领域越来越广泛，进出于政治制度、社会秩序、文学地理等多个领域，与文学领域的距离时远时近，但叶晔一直明确坚持着文学本位的原则，始终认为这应是解决文学问题的基本态度，不希望因为跨学科的尝试，而丢失了文学最核心的东西。秉持着这样的原则，他度过了寻常人或许并不了解的焦虑期。

组织并参加词学青年同人会活动

对于所有大学老师来说，要想从刚入职的讲师晋升为副教授，是一道艰难的坎。叶晔当时也有过焦虑，所幸在磋磨中跨出了坚实的脚步，又在四年后晋升为教授，并凭借出色的学术成果，入选国家“万人计划”青年拔尖人才。或许众人艳羡其年纪轻轻已有如此成绩，配得上“青年才俊”四个字，但在叶晔看来，想要在成长的道路上不断向前迈进，能做的，唯有努力提高自己而已。他时常鼓励学生，只要努力超越自己的极限，就算是成功了；但他对自己的要求，却是超越多数人的极限而得到真正的成长。这是一个需要不断追求的漫长过程，也需要有坚定的信念。所以他习惯晚睡，习惯从早到晚不断地学习，就算其他事情忙完了，他也会趁着这一闲暇时间去更新自己的知识结构。他说他有危机感和紧迫感，不想被更年轻的“长江后浪”推倒在沙滩上。

真正的学术研究，是一种努力突破人类知识边界的行为。而对于叶晔所专注的人文研究，特别是古典文史哲研究来说，文献的阅读量和阅读的精细度，在很大程度上决定了学问的厚重程度；而现代学术视野下的中西融通与否，则在很大程度上决定了学问是否宏阔。叶晔说他自入职以来一直很忙，特别是在跨入而立之年之后，来自教学、家庭以及身体机能三方面的压力，都让他对海量的文献阅读有些力不从心了。因此，他认为打下学术基础的最佳时期，是在拥有充分时间与精力的三十岁之前。说到这里，他有些感慨：“现在的一些学生比较重视理论方法的学习，喜欢创新和跨学科的东西，这在短期内，或许能产出比较显著的成绩，但缺乏厚重的学术底蕴和宏阔的学术视野，因此，要想实现长远发展并不容易。”他对现在年轻人的期望非常简单——勤读书，读好书，做好学术积累，方能实现长久。

友声分享，有勤补拙

对叶晔来说，无论是教学还是科研，他都有自己独特的想法。在教学方面，他倾向于开放式而不是导向式的教学方式，尝试带给学生多种思维方式的可能性，让他们自由地选择适合自己的那一种。他坦言，不想让自己的价值标准太过强势地介入教学过程中，尽量避免学生因受到他的价值判断的影响，而失去了解其他认知方式的可能性。在科研方面，他却是另一副面孔，要求写出来的每一篇文章，都有自己的形状和个性，而不是学术生产流水线上的一分子。不过他也承认，随着文章越写越多，这个目标其实是有难度的，因为思维上的惰性在所难免。但即使如此，他还是会努力去做。

谈到执教生涯中最难忘的一件事，他特别怀念2012年在哈佛大学短暂的访学经历。尽管没有明确的学术合作，但就个人而言，却是他第一次亲身深入地接触海外学术领域。在这段时间中，他对学问的理解有了较大的变化。这种变化直观地体现在他从美国回来后，与同校的林晓光老师一起创办的“友声读书会”。在读书会上，他们带领古代文学专业的研究生，细读各个领域的学术经典。从2013年到2017年，坚持了整整五年的时间。叶晔说，他不敢随意判断学生是否从读书会中有所收获，但他作为读书会的组织者，通过开展话题策划、经典选目及相关的深度阅读等活动，得到了很好的成长。回头去看，他很珍惜当时自己为了激发研究生的活力而努力学习的那股干劲，甚至感慨现在自己的热情已经没有当初那么蓬勃了。因为读书会的存在，他能在刚开始工作的那些年中，保持住与学生时代一样甚至更快的成长速度，也与林晓光老师及读书会的成员结下深厚的友谊。

叶晔一直很感恩生命中给予他帮助的那些人与事，但其实他更应该感谢自己的勤奋。他说给他留下最深刻印象的一类学生是勤奋的学生，聪慧固然重要，但天才毕竟只有少数，对于大多数人而言，勤奋比聪慧更重要。他一直认为，如果年轻人没有勤奋的品格，仅仅挥霍自己聪慧的天资的话，那距离成为一名真正优秀的学者还有很远的路。在工作中，

与林晓光老师一起参加日本中国学年会（右为叶晔）

他也感慨，浙大学生有时太聪明，想法太多，面对诱惑不能坚定意志，经常会出现松懈的情况。因此，他希望他们能在天赋之上，将勤奋的品格发挥得更好，两者皆长方能担当大任。

叶晔说，人文研究在他看来，是去探索认识世界的无限可能性。他不愿意为年轻人提各种条条框框的建议，因为年轻人未必觉得年长者的经验是有用的。但他希望年轻人能够时刻谨记：无论是学习、工作，还是生活，不要天然去抗拒什么。不抗拒，才有继续向上发展的可能性，在过程中经历的或好或坏的事情，才会让人明白道理。只有时间，才能让年轻人成长为一个珍惜时间的人。这大概是他这些年来亲身领悟的深刻道理，他也愿意将其分享给所有人。

采访小记

大学前两年有幸上过叶晔老师开设的汉语言文学专业课，当得知要对他进行采访时，那一瞬间我内心的兴奋与激动远多过紧张。叶晔老师外表俊秀、气质内敛，课上出口成章、幽默风趣，课下师生交往平易随和，因此，同学们私底下都称他“男神”。然而，“男神”也有自己的焦虑，这一次的采访，让我接触到一个更真实的他。

原来，他也是普通人，在坎坷的时光里也曾因为一些烦恼而彻夜难眠，也需要通过不断地刻苦学习才能拥有让人称美的成就。在别人看不见的时间里，他也没有放松自己，并深刻地知道在竞争中取胜是不够的，还要努力挑战自己的极限，才能得到真正的成长。除此之外，叶晔老师始终心怀感恩，尤其感恩那些为他指引方向并带着他不断向前迈进的人们。

很荣幸能有这次机会采访到叶晔老师，让我感慨万千也获益良多。漫漫人生之旅，我要走的路还有很长，在未来，我需要把勤奋与坚持变成习惯，让感恩和自信常驻心中，希望也能看到属于我自己的那片更广阔的天地。

采访时间及地点：

2019 年 4 月 2 日上午，浙大人文学院行政楼

采访及撰稿：

雷欣悦　汉语言文学专业 2016 级本科生

图片来源：

叶晔

章志飞

做学问是一件水到渠成的事

章志飞，1976年生，北京大学数学科学学院副院长、教授、博士生导师。2000年于浙江大学数学系攻读基础数学博士学位。2011年入选教育部新世纪优秀人才计划，2012年获得第十三届霍英东青年教师基金，2013年入选中组部首批青年拔尖人才支持计划，2014年获得国家杰出青年基金资助，2017年入选教育部长江学者特聘教授和科技部中青年科技领军人才，2019年荣获第四批万人计划科技创新领军人才。

自2003年博士毕业以来，章志飞一直从事偏微分方程的理论研究，在流体力学方程的自由边值问题、Navier-Stokes方程的适定性和稳定性理论以及液晶中的数学问题等方面取得了一系列重要的研究成果，同时在CPAM、CMP、ARMA、JFA等著名数学刊物上发表学术论文90余篇，论文被引次数高达1600余次（*Math Review*）。

1994年，如果有个人告诉刚高考结束的章志飞，你未来会成为北京大学数学学院的教授，著作等身、桃李满门，他一定会摇头苦笑，觉得你在打趣他。因为彼时的章志飞，还捧着一个不算好看的高考分数，头疼高考志愿应该填往哪儿。

研究数学，是一件自然发生的事

在高中班主任的推荐下，章志飞填报了杭州大学数学专业。章志飞笑言自己很幸运，虽然没有进入那个年代一流的学府，但选择了那个年代一流的学科。

本科毕业后，好运又接踵而至，选择读研深造的章志飞遇见了一流的导师——浙大教授王斯雷。王教授是我国调和分析研究的大师，1966年发表的《关于齐格蒙特的一个问题》，解决了当代著名数学家齐格蒙特提出的某类傅立叶级数的几乎处处收敛问题，并推翻了齐格蒙特的猜想。

回忆起当初那段踏上学术征程的时光，章志飞表情淡然。在他的描述里，本科毕业，继续读书，研究数学，是一件自然发生的事，没有迷茫和煎熬，也没有悬梁刺股和囊萤映雪。

说到这里，已为人师的章志飞不禁感慨，现在有一些孩子的心态很浮躁，不懂得脚踏实地地做好眼前的事。他们对未来表现得忧心忡忡，急于做各种未来规划，但实际上课堂里的基本知识都没有学扎实。手头的事还没干好，便想预支未来，在他看来，这实在有些本末倒置。

章志飞的想法就一直很单纯，该读书时就把书读透，该选专业方向时就认真做出选择。当时浙大基础数学比较强的专业方向有两个，一个是沈一兵、白正国老先生带领的几何团队，另一个就是王斯雷老师带领的调和分析专业。在向学长学姐咨询并了解了相关信息后，章志飞拜入了王老师门下。

“所遇恩师很多，但王老师对我影响最大。”

章志飞的语气中满怀感激。他到现在都还记得，每周的师门讨论班，和蔼的王老师的指导总是那么细致入微，哪怕是一个数学符号、一个标点符号的错漏都会被指出修正。而讨论班结束后，师兄弟们每周会打一次牌，作为学习后的放松活动。

当时以为稀松平常的小事，如今回望皆是因果。因为受到老师那份细致到每个数学符号的认真态度的影响，章志飞才养成了严谨踏实的习惯，也因为每周那桌师门齐聚的牌局，章志飞才与同门师兄弟结下了深厚长久的情谊。

但王斯雷老师带给章志飞的远不止这些。在学生上下求索的路途中，他给予了他无限的指引和爱护。而其中最为深刻的，是他扯断了章志飞所行之路尽头的终点线，取而代之的是一片广阔无垠的蓝天。

做学术就像爬楼梯一样，一下子爬到顶峰是不可能的

这份王老师所赠予章志飞的最宝贵的礼物，是学术研究的自主性。

章志飞由导师领进门，却从未被限制。他以为自己会和其他许多的研究生一样，从导师那里得到一个合适的研究课题，然后潜心钻研，发表论文，顺利毕业。但实际情况大相径庭，王老师只帮他粗略地划定了一些重要的研究方向，便让他通过自己的研究分析，从中选择一个感兴趣的方向并确定具体的选题。

那是一个非常痛苦的过程，但同时也是一个浴火涅槃的过程。然而对当时在学术道路上刚刚入门的章志飞来说，他还无法理解老师的用心良苦。他只知道，那段摸索的时光艰难而又漫长。他觉得自己似乎永远找不到一个好的选题。

而研究资源条件的落后更加大了探索的阻碍。那个时代，找资料非常困难，同时又存在信息延迟问题，研究者难以接触一手的学术资源。一篇新的论文、一本新的书，从出版到拿到自己的手上，可能已经过了好几年。当时国家给的研究经费也不多，很少有机会请一些著名的专家来授课，更不用说走出国门接触更鲜活的学术研究成果。这种信息不对称所带来的后果往往是好不容易想出一个选题，结果发现别人早就已经做过了。

这似乎是一道无解的坎，横亘在章志飞的求学路上。好在他心态特别好，用放平自己的心态来分解压力，这也是章志飞认为做学术研究的人尤其需要的特质。找不到合适的选题？没关系，那就定一个现阶段更容易实现的小目标，比如把当前所学的基础知识学扎实，干好自己手头上的这一件事。

章志飞把这种制定小目标的方法比喻成爬楼梯，处在哪一个阶段，就努力去爬上哪一级台阶，而不是望着顶点，好高骛远，那不仅不是一

蹴而就的捷径，反而会是劈头盖脸的压力，只会让自己感到痛苦并且寸步难行。他在每一个阶段都定一个比较低的目标，实现之后再想下一步。章志飞坦言，在读研究生期间，他觉得发一篇SCI论文就已经很好了，而如今到了北大教授的这一阶段，他就想在研究领域做出真正有意义的课题。

这种处事方法所带来的益处是长远的。章志飞现在回头看过去，自己在这架学术楼梯上，每一个脚印都迈得踏实而有力。尽管当时的他并未领会其中意味，就像他不理解为什么导师不能直接给自己一个合适的选题一样。

除了一步一台阶地往前迈，章志飞也珍惜每一个获取前沿知识的机会。尽管当时限于研究资源条件，他无法像如今的学生一样，随时上网检索论文，更不要说打开视频，聆听海外学者的知识分享。但他始终记得，导师曾经请来了一位日本数学家，给学生们做了一系列富有启发性的讲座。这对章志飞的帮助非常大。可惜的是，在章志飞五年的浙大硕博生活中，这样宝贵的交流机会非常少，他现在回忆起来都很是遗憾。每每提起如今浙大学生所拥有的丰富的讲座资源、海外交流机会，他也总是语带歆羡。

积跬步以至千里，积小流以成江河。章志飞说："我到了博士后阶段时，突然有了某一种感觉，论文原来可以这么写。"在学术的早期，他觉得自己的学术能力很一般，并没有什么特别的天赋，找一篇论文的选题都特别困难。哪怕有了题目方向，碰见研究中的难题也时常解不出来。但这些从未成为他放弃的理由，他只管踏踏实实地闷头往前走。五年，七年，抑或是更加长久的摸索时光，他都手不释卷，灯火长夜，等到某一个养分厚积至足以开花结果的时点，再发论文、出成果，这将会是一件水到渠成的事。

学术研究靠人也靠己

章志飞的学术之路没有捷径，学术才能也并非天赐。若非要总结通关攻略，不过就是两样：一是他人的帮扶指引，二是自己的踏实前行。

聊起他人，章志飞总是满怀感激。他万分感谢生命中所遇之良师益友。当年不懂导师用意，如今却是恩情皆付笑谈中。那段自主选题的过程实际是一种学术能力的训练，让他从未在做学问上对前人产生依赖，而是努力去发掘自己的主观能动性。到如今，找选题早已不是难事，那阵子懵懂艰难的光阴，也好像成了人生的风景里一片美好的倒影，清风拂过便波光粼粼。

而聊起自己，这位在CPAM、CMP等著名数学刊物上发表了90余篇学术论文的北大教授，总是特别谦逊。他觉得，自己不过是做好了每个阶段该做的事，并把这个行为在长久的探索中一以贯之，不曾间断。

章志飞作为嘉宾出席阿里巴巴全球数学竞赛颁奖典礼（右一为章志飞）

“如果你坚持在一个领域从事十年以上，你总会做出一点东西的。”章志飞这样说。这也是他认为除了踏实干好手中事之外，做学问最重要的一点，即持之以恒。“做学问中间是不能断的，不能空几年再接上去，这是接不上去的，后面会掉队。”

但这种坚持不是单靠蛮劲闭门造车，而应以开放的眼光去搜索鲜活的学术动态。再度提起资源环境，章志飞的语气不免又染上几分羡慕和欣慰：“我觉得现在的学生在这方面比我们优越很多。”他特别提到了一个论文预印本的网站arXiv，在这个网站上，每天的文章都会实时更新，有什么学科的前沿信息立马就能获知。章志飞直言，这对找课题、做研究都有很大的帮助，他每天都要上这个网站去看一看，不仅关注自己的数学领域，其他各个学科的前沿资讯他也会涉猎，这能拓宽思路，给他带来启发。

与丰富的资源并行而来的，是比以前的环境下更大的压力。章志飞觉得，现在的孩子面临的“学术压力”、常挂嘴边的“学术使人秃头”，其实是很多原因造成的，整个学习和就业环境是一方面，但更多的还是在于自己。“自己给自己定的目标太大了，给自己很大的压力，反而产生了负面的影响，想做的事情也做不好，甚至毕不了业。”章志飞摇头叹息。他希望学生们不要想太多，专心把手头的事做好，时光不会辜负踏实刻苦的人。

采访小记

章志飞老师和我想象中的北大数学科学学院副院长很不一样。我满以为会遇见一个不苟言笑的严谨学者，没承想行至眼前的是一位手持保温杯、满面笑意的先生。他戴着眼镜，头发乌黑浓密，穿着款式寻常的深色夹克衫，笑着跟我打招呼，倒像位亲切的大哥哥。

在采访中，他的叙述也与我想象中的引经据典、波澜壮阔不同，他的每句话都平实而谦逊，仿佛还带着初入浙大的懵然少年气，被夸为“学术大牛”时也是连连摆手，直说自己只是踏实地干好了每个阶段应该干的事。温和质朴的话语总让我觉得有几分学者特有的可爱。

采访后他也不让我送行，挥挥手便一步一步走远，如他来时一步一步走近那样。我想，这大概就是一种做学问的初心吧，如他所讲，踏实地去做好自己该做的事，头顶的星空便永远会照耀你前行。

采访时间及地点：

2019 年 3 月 29 日上午，浙大玉泉校区数学科学学院大楼

采访及撰稿：

季凡凡　广播电视专业 2018 级硕士研究生

章铮奇　数学与应用数学专业 2015 级本科生

图片来源：

北京大学数学科学学院、浙江大学数学科学学院网站，记者自摄

王宏伟

苦心孤诣，伺时而鸣

王宏伟，剑桥大学博士，浙江省“千人计划”专家，硕士、博士生导师。2004 年本科毕业于浙江大学生物医学工程与仪器科学学院并获毕业生最高荣誉“竺可桢特优毕业生”，2007 年硕士毕业于清华大学并获毕业生最高荣誉“优秀硕士毕业生”。2007 年至 2010 年在剑桥大学工程系工程设计学研究中心就读并获博士学位。2011 年 1 月起进入英国朴次茅斯大学工学院担任英制讲师（助理教授），成为该院最年轻的教职人员、博士生导师；2014 年 1 月破格晋升英制高级讲师（副教授），担任系统设计工程研究中心负责人，先进设计制造方向硕士、博士生导师；现任浙江大学伊利诺伊大学厄巴纳香槟校区联合学院（简称 ZJU-UIUC 联合学院）研究员、博导，院长助理，信息系统与数据科学学科负责人。

浙大少年，求是创新，艰苦卓绝；优秀毕业，北上求学；成果丰硕，出国深造；幸运任教，破格晋升；深思熟虑，归国奉献。短短几十字，浓缩了王宏伟二十余载的青春岁月。他天赋与努力兼具，总能将事情做到极致；他能从竞争者中脱颖而出，是一种被幸运眷顾的偶然，更是一种坚持所致的必然。

人生之路始于浙里

重新回到母校任职，王宏伟感慨20年时光荏苒，变化万千，如今的浙大与他求学的时候早已大不相同。当时正值四校合并初期，基础设施、师资力量、教学资源都无法与今日相比。尽管那时王宏伟在浙大的求学生活不算那么如意，但那段岁月仍然在他的记忆中熠熠闪光。

王宏伟当时所在的之江校区是一个依山而建的学校。学校的教室排布在半山腰上，颇有古时书院之风采。每日晨间，顺着斜坡小道，伴着清脆鸟鸣与草木清香走去教室，不免让人心旷神怡，更不用说走出校门便能一览九溪美景。在这宜人景色中，登上学校的后山或是跑步去九溪，成了王宏伟课余时光的主要娱乐活动。

王宏伟还记得，当时他常常泡在自习室中学习一整晚，直到管理人员催促他离开。上工程图学课时，他为了更好地掌握绘图技巧还将教三楼下的所有工程制图物理模型都画了一遍。在之江校区一心投入学习的王宏伟自然收获了十分优异的成绩，他拿到了学校里所有的奖学金，并被评为“竺可桢特优毕业生”，这在当时是全校本科毕业生的最高荣誉。王宏伟自身的勤奋与努力以及优秀的成绩培育了他的自信心，也为他之后的继续深造打下了扎实的基础。

身在异乡心在浙

在浙江大学本科毕业后，王宏伟去往清华大学继续攻读硕士。在这期间，他深切感受到学校浓厚的出国氛围，并萌生了出国深造的想法。而他此前所积累的学识、能力，以及研究生阶段的各种荣誉和学术研究方面的突出成果，都让他稳稳地接到了剑桥大学抛出的橄榄枝。

在英国剑桥大学攻读博士学位的王宏伟并没有与浙大失去联系。

“我本科期间当了三年多的班长，这是比较难得的经历，当时我经常组织班级活动，与同班同学及老师都保持着密切的交流，直到毕业之际大家都相处得非常融洽。”王宏伟在担任班长期间与同学、老师保持联系的习惯在其毕业之后依然延续着。

博士期间，王宏伟是浙江大学校友总会常务理事，也是浙大英国校友会的执行会长。2008年，王宏伟与其他在剑桥大学的浙大校友一起，将原来集中在剑桥的浙大校友会扩展到了整个英国范围，并在各个主要城市设置了联络点和联络人。通过这一番“改革”，浙大在英国校友会的人数一下子从十几人增长到了一两百人。

通过校友会这一平台，王宏伟与母校浙大建立起了双向联系。

2010年，王宏伟回校访问，在生仪学院做了一次报告；2014年，适逢竺可桢学院成立30周年，工程教育高级班成立20周年，他又回到竺可桢学院做了一次报告；再之后，他还到紫金港校区与同学进行了一次交流。

2014年，在启动筹建浙江大学国际联合学院之际，浙江大学代表团访问英国，受到了校友会的热情接待。作为校友会常务理事的王宏伟也参与了接待工作，并积极帮助浙江大学建立与英国院校的联系。一直到2016年国际校区获批成功，他都主动帮助母校进行相关宣传工作，以提升浙江大学在英国的声誉。

虽然当时身处英国，但王宏伟仍然为母校的发展贡献了不可磨灭的力量。或许因为这样虽然细碎却长久的联系，让他在之后有机会回国工作时，毅然选择了回到浙江大学任教。

学成归来回报祖国

王宏伟对于回国有着慎重长远的考虑。他认为在如今的经济背景之下，欧洲国家对科研的投入是比较有限的，与之相反，我们国家在科研上的投入在不断增加。这充分证实了国家对科研工作越来越重视，对高层次人才的需求也越来越大。同时恰逢浙江省“千人计划”向他发出邀请这一契机，时任英国朴次茅斯大学工程学院英制高级讲师的王宏伟最终决定回国，回到浙江大学，为祖国、为母校的建设添砖加瓦。

“回到了自己熟悉的环境，很快就适应了这里的生活。”虽然在国外生活了十多年，但王宏伟回国之后马上就适应了，其中有四年本科生活打下坚实基础的原因，也与他在国外期间一直保持与浙江大学的紧密联系有关。

当被问及如今更多倾向于科研工作还是行政工作时，现任浙江大学国际联合学院院长助理的王宏伟表示更倾向于科研工作，但是也不排斥行政工作。把所有能做到的事情做到最好，这是他的准则。

王宏伟在采访中总是喜欢使用努力和幸运这两个词来描述自己的经历。浙江大学给了他第一个努力的平台，让他的努力都能够幸运地得到收获。努力地打下基础，幸运地获得机会，就是他求学生涯的真实写照。

罗曼·罗兰曾说，幸运的背后，总是靠自身的努力在支撑，松懈下来，幸运也就溜走了。王宏伟的幸运，也得益于此。

采访小记

王宏伟老师平时的工作非常繁忙，我们多次联系，仍然没有约到合适的线下采访时间，因而最终决定采用电话采访的形式。我们在采访开始时有些许紧张，但电话中他热情的语气让我们紧张的心情得到了放松。

从王老师对第一个问题的回答开始，我们就能察觉到他十分健谈。有时提的问题可能比较笼统，但他总能详细地从各个方面进行回答，回答的内容丰富且有逻辑，回答完后还会温和地问我们是否还有没回答到的地方。

王老师总喜欢说自己运气比较好，但我们知道，他那么多的好运气都是建立在他的努力之上的。在本科阶段，虽然生活条件不那么如意，但他日日勤奋学习，打好了基础；研究生阶段虽然大部分时间都在公司实习，但他还是花费了大量的精力进行科研工作，取得了巨大的成果。这一切的好运背后都是他的坚持和努力。

和王宏伟老师的一番交流，让我们明白，机会是靠自己争取的，运气是靠努力攫取的，实力才是第一位。虽然可能不能够成为像他一样的成功的人，但是有了他的经验，我们觉得未来有了方向。

采访时间：

2019 年 4 月 12 日下午（电话采访）

采访及撰稿：

林佳帆　生物医学工程专业 2016 级本科生

陆涛涛　测控技术与仪器专业 2016 级本科生

图片来源：

王宏伟

岑海燕
一位科研者的少年心性

岑海燕，浙江慈溪人。2001年就读于浙江大学农业建筑环境与能源工程专业（今农业工程专业），2005年本专业保研。硕士毕业后赴美国密歇根州立大学攻读博士学位，而后在美国农业部实验室从事博士后工作。作为国家“青年千人”计划、浙江大学“百人计划”引进人才，目前于浙江大学生物系统工程与食品科学学院任研究员、博士生导师、副系主任。学生时期获奖无数，包括浙江大学最高荣誉“竺可桢奖学金”、美国华裔组织“百人会英才奖”、密歇根州立大学农学与自然资源学院博士论文奖、美国农业与生物工程师协会（ASABE）优秀论文奖等。入职浙大后，入选浙江省151人才工程第二层次，所在团队获评科技部重点领域创新团队，荣获大北农科技奖（智慧农业奖）等多项奖项，同时还担任农业工程权威期刊*Transactions of the ASABE*副主编、ASABE机器视觉专业委员会主席、中国农业生物技术学会表型组学专业委员会委员等大量学术兼职。

岑海燕，一位从事科研工作的高校教师，置身于严肃沉闷的学术界中，从未改变的少年心性为教师这个过去有些清一色的群体带来了些许亮点。

“乱”填志愿

与所有高三学生一样，岑海燕在高考结束后也面临着人生最重要的时刻之一——填志愿。但又与大多数人的仔细斟酌不大一样，当年稚嫩的岑海燕在填报高考志愿时可算是有些马虎与冒险。

“起初我就压根没填浙大。”

当被问及当年填报志愿为何会选择这个专业时，眼前这个在生物系统工程领域获奖无数的优秀人才却给出了一个让记者意想不到的答案。说完，她自己似乎也觉得有些戏剧化，不由笑出声。

那年高考结束后，由于成绩不太理想，岑海燕最初填报了一所北京高校。或许是缘分使然，在将志愿提交给老师后，她了解到自己说不准可以踩线进浙大，便毅然回到学校将志愿改成浙江大学。

“我当时想，低就低吧，先进来再说。”眼前这位成熟女士回忆起那个夏天的自己，“当时填专业也没多想，因为也考虑到可能被调剂，就直接选了农业建筑环境与能源工程专业（如今的生物系统工程专业）。说实话，当时只是看这个名字感觉有点意思，没怎么太深入去了解。”

就这样，岑海燕来到了浙江大学。在浙大求学期间，她除了大一时年级排名第二，之后基本保持在年级第一，还获得了“竺可桢奖学金”、本专业保研资格等。不仅如此，她还有着非常丰富的社团实践经历。

“任何事情，我喜欢提前计划，不喜欢被别人赶着走，否则很难做好。”说着，她起身去包里找出她的日常记录本，随便翻了几页。上面的字迹随性，一行行的内容记录了她繁忙的日常。“效率很重要。我会把每天要做的事情都像这样记下来，学生阶段一般便签用得多，现在出差多，用本子方便随身携带。”她又随手翻了几页，“当然，也不能把每天的日程安排得太满，毕竟总会有一些计划之外的事情。”

可能是出于老师的职业习惯，她言语间流露出教育的意味，“做事情一定要有 backup plan（备用方案）。这方面我的有些研究生做得很好”。一谈到学生，岑海燕的表情就变得严肃起来，眉头也不自觉紧了紧。

其间岑海燕的手机屏保亮了又暗，暗了又亮，她却没有理会，继续接受采访。

幸运出国

截稿日这天下午，岑海燕刚刚结束上一场会议，拿着几份文件匆匆赶来采访。据我们所知，她前段时间刚从国外出差回来，最近又要和外教一起集中给研究生备课，而且这几天儿子生病，作为母亲的她每天还要陪去医院。这些工作、家庭上的压力使得岑海燕已经好几天没好好休息了，但她在采访的过程中仍显得精神十足，说话的语调甚至变得越来越欢快。能维持这份青春活力，很大程度上归功于父母和丈夫对她的悉心呵护。

岑海燕回忆在浙大读书的那段岁月，“只要有节假日基本都会回家，反正也近。如果我不回去他们（父母）也会来看我”。而无论是报考浙大，还是出国读研，岑海燕的父母总是支持女儿的决定。对此，岑海燕感慨道：“我觉得自己当时也不是很独立，出国给了我一个很好的锻炼机会。”

命中注定般，在浙大读书的岑海燕不仅遇到了优秀的自己，还遇到了同样优秀的生物化工系学长。2005年，也就是岑海燕保研的那年，学长刚好研究生毕业选择出国，这也成了岑海燕出国读博的决定性因素。经过两年的用心准备，岑海燕在申请博士就读学校时就有五所高校向她抛出橄榄枝，其中之一便是她后来就读的美国密歇根州立大学。

“我先生比我早两年出国，在另一所学校。我们一起坐飞机先飞到他所在的城市，然后再开车一起去密歇根州立大学。”岑海燕仿佛又回到了那一段热恋期，“包括租房子还有日常买菜，这些事情都是我先生帮我搞定的。”

由于生活上很多事情不必她操心，岑海燕能够将精力集中于科研工作。“我的博士导师非常认真负责，他会指导我们实验中的每个细节，也会不厌其烦地帮我们修改论文。”突然,她话锋一转，“但每次总把我们的论文改得面目全非。”由于屡次不被导师认可，岑海燕仿佛陷入了一种“怪圈”。“后来我就去找导师理论，我说我写的不对吗？为什么要帮我改掉？他一看，感觉我说的其实也没错。”在外人看来，这样有个性的岑海燕在科研界代表了一类科学研究者的气质。“我非常感激导师的细心指导，但在研究中碰到跟导师意见有分歧的时候，我也会很直接地表达自己的想法。所以说，不要觉得老师说的就一定对，一定要多想多问多讨论，这是每个学生都要有的心态。”与当今主流的人际交往方式不同，岑海燕这种“科学面前没有身份，只有对错”的不留情面使得这个有些枯燥的学术圈变得有意思起来。

“最重要的是我已经决定在这了”

2015年，何勇院长的一通电话将大洋对岸的岑海燕拉了回来。

当被问及“为什么选择回国”这个问题时，她往后靠了靠，说道：“当初回国，一方面是考虑到可以经常和父母在一起，另一方面是因为目前国内的科研平台非常不错，各种机会也很多。”当时的岑海燕正准备去美国农业部工作，一听说母校诚聘她回校任教，便与先生决定一起回国。“虽然在美国的工作可能会更轻松一些，但在国内充实的忙碌也是另一种快乐。”岑海燕随手理了理头发，又补充道，“其实无论到哪对我来说都不那么重要，最重要的是我已经决定在这了。既然已经做出选择，那就做好当下的事情。这也是我自己坚持的一个原则。”

2015年某个平凡的早晨，对刚回国的岑海燕来说却是不平凡的一天，因为那是她人生中第一次真正拥有自己三尺讲台。

那天她要从早上八点连上三节课，却因紧张早餐只喝了一杯牛奶，而且提前一小时就来到了教室。“第一节课下课我就感觉饿得不行，都有点体力不支了。”她自我调侃道，“然后我发现下面竟然还有学生在吃面包！”一提起这段经历她就觉得好气又好笑，“我那时候才感觉到老师真是不容易。”回忆起当初的稚嫩，她又有些回味悠长。

而如今的岑海燕早已摆脱了当年的青涩与紧张，尝试过各种类型的课堂。“我觉得自己适应能力还挺不错。要想让自己适应新环境，首先做事情要认真，然后呢，你要对自己有信心。”她直起身子，双手相握放在桌上，“凡事开头难，既然你已经在这个位置了，那不管做什么事情，都要相信自己能做好，最重要的还是付诸行动。我觉得，咱们浙大的学生只要认真，终有一天每一份努力都将绚烂成花。”岑海燕与浙江大学因一次偶然结缘，却在这里成就了自己、收获了爱情、耕耘出桃李，同时浙大还成了她一路走来的自信之源。

大学的作用就应该让人回归天真，从毕业就一直与学生待在一起的岑海燕对新鲜的事物也总保持着无法抑制的求知欲和探索欲。“我现在开了一门研究生素养与能力培养型课程，由学校资助跟外教一起上课。”说到这些，她兴奋得稍稍加快了语速，“还有一个是给竺院神农班学生上的课，当时是何勇老师邀请我，然后就答应了……”这些课程在别人眼中都是属于不太好上的类型，但在岑海燕的人生中似乎就根本没有好坏之别，只有做与不做之分。因为她总是相信，只要做，她就一定会做好。

“破格”近乎勇

虽是比学生大不了几岁的同门师姐，但岑海燕在学术这件事上是眼睛容不得沙子的，在学生面前她从不用一些世故的方式去遮掩自己的态度。“学生科研上做得好我会大力表扬，但如果做得不好那我也会毫不留情地批评。我对学生的要求是与国际接轨的，希望我的学生将来也能在国际学术舞台上崭露头角。”她喝了口水，来了一记反问，“否则，我们怎么去推进‘双一流’建设？”

在教学模式上，岑海燕显得更加有自己的个性：“要让学生知道自己学这些到底能干什么，既要发挥他们的主观能动性，还要让他们对所学的东西有真正感性的认识。”

在国内，本科生实验课的教学经费普遍有限，但这从来不会限制岑海燕对课堂的创新。前段时间，岑海燕带本科生去上海某个实习基地参观了国际先进的高通量植物表型平台，并让学生利用这个平台开展相关的实验。当然，这并不是个例。岑海燕对学生的要求从来都不是单层次的，而是立体的。在课程设计实验环节中，除了本科生教学实验室提供的仪器外，岑海燕还要求学生能够自己去其他实验室或学校仪器共享平台寻找实验所需的设备，充分调动学生的主观能动性。在大多数人的想象中，学术界的科研导师一般都会有种不怒自威、不容侵犯的感觉，而岑海燕的性子却使得这个团队有了一丝人情味。

结　语

在采访中，岑海燕也表示国内的工作节奏很快，有着无限的机会和挑战。但岑海燕并不像大家以为的那样整日昏天黑地地泡在实验室里，她觉得平衡生活与工作也非常重要，并表示规划好时间、提高工作效率才是其中的关键。

“毕竟，孩子的成长也不能缺席呀。”说到这，我们从岑海燕的少年心性中又看到了她的成熟。

采访小记

截稿那天的下午，采访才好不容易挤进了海燕学姐的计划表里。

稍晚于相约的时间，我们终于等到刚结束上一场会议的海燕学姐。“哎呀，这两天办公室有点乱，要知道平时我还是有点洁癖的，一般会整理得比较干净。”将我们领进办公室时，她有些不好意思地笑着，边收拾文件边解释道。环视小小的办公室，与印象中办公室应该有的样子有一点不同——她办公室内的桌面、窗台、地面都摆有大大小小、生机勃勃的绿植。

采访的过程中，海燕学姐的元气满满和少女感使得氛围非常轻松，她的天真阳光让人不敢相信眼前的人已过而立之年。她从不对未知之惑焦虑，也不因过去之事遗憾，而只专心面对眼前，并拥有一种超能力——自信。她远比我们想象中的要“冲动”，从她嘴里的故事中总能听出些“破格”的味道。而与科研上的强势形象不同，她从不忘对生活的那份热爱以及对世界的一片温柔。采访过程中她也不怎么掩饰自己的情感，时而自豪，时而甜蜜。相比她的成功，她的那种简单与率真同样是令人羡慕的。她的成功或许很难复制，但她的自信却有迹可循。就像她采访时说的那样，“咱们浙大的学生只要认真，终有一天每一份努力都将绚烂成花”。

采访时间及地点：

2019 年 4 月 12 日下午，浙大紫金港校区农生环 D 座岑海燕老师办公室

采访及撰稿：

马艺方　食品科学专业 2017 级本科生

杨子睿　生物系统工程专业 2018 级本科生

图片来源：

岑海燕

唐立梅

双龙科考——从逐梦者到筑梦者

唐立梅，2010 年获得浙江大学地质学博士学位，现为自然资源部第二海洋研究所副研究员。作为一名一线科技工作者，她主持了国家自然科学基金、国家重点基础研究发展计划（973 计划）子课题、中国博士后科学基金、国家海洋局青年基金等多项基金项目，在 *Earth and Planetary Science Letters*、*Science China：Earth Sciences* 等国际及国内顶级期刊发表学术论文 20 余篇。

深海极地，任我自豪行

茫茫蔚蓝，幽幽海底，有连绵起伏的山脉，有宽阔平坦的海盆，有含量丰富的矿产和生物基因资源。在洋中脊，有多金属硫化物；在海山，有富钴结壳；在海盆，有多金属结核和稀土。但是，探索大海的难度堪称“寸步千里”：单以压强来说，每下潜10米相当于增加了1个大气压。

唐立梅在科考途中

2013年9月7日，唐立梅随“蛟龙”号在西北太平洋采薇海山区执行了首次试验性应用航次中的第72潜次深潜任务，下潜深度为2774米，而她也成为首位搭乘“蛟龙”号深潜大洋的女科学家。早上8点，唐立梅干咽下几块饼干和一只煮鸡蛋，就和两位潜航员一起登上了“蛟龙”号。因为“蛟龙”号载人舱直径是2.1米，内部没有厕所，而整个下潜过程需要近10小时，下潜人员从前一天晚上就开始停止进水。

随着“蛟龙”号的不断下潜，这数千米的旅程为她打开了一个新的世界：各种色彩丰富、形状怪异的海洋生物逐一展现在她眼前，有丝袜状海绵，背上长着鸡冠状鳍的海参，身体里住着寄居蟹的海葵……

完成下潜任务的过程紧张而刺激，需要理论知识和实践经验的深度融合。这次下潜，唐立梅的重点任务是采集新鲜玄武岩。然而，这个区域曾被严重磷酸盐化，结壳的下覆基岩有过厚的沉积岩，很难采集，因此，几次尝试都没有成功。眼见时间越来越少，唐立梅发现一个很像玄武岩露头的断崖，她操纵机械手抓起一块岩石放入采样篮中，初步判断是玄武岩。因时间紧张，这块样品一放入采样篮便立刻抛载上浮了。回到夹板上后，科研人员发现这块岩石确实是玄武岩。

唐立梅的这次“蛟龙”号探险收获颇丰，所采集的岩石样本及资料由中国大洋样品馆统一管理，所进行的研究也初步完成，部分研究结果已经发表。“蛟龙”号的下潜经历给唐立梅留下了深刻印象，这段经历不仅锻炼了她的科考能力，还加深了她对科考的兴趣。4年后，这位海洋科技工作者又一次踏上了科考的路途。而这一次，历时更长、困难更多。

唐立梅与“雪龙”号

2017年11月8日，执行第34次南极科学考察任务的“雪龙”号从上海出发，穿越赤道，然后经新西兰前往南极中山站。2018年4月21日，“雪龙”号完成任务并顺利返航。这次科考时长165天，然而，仅在路上，“雪龙”号就花费了两个多月时间。

西风带是前往南极的必经之路，它位于南纬45°～60°，一年365天，风力基本都在八级以上。即便是万吨巨轮，在波涛汹涌的海面，也被震颤得像一片树叶。

“一直处在类似海盗船的摇晃环境，长期不接地气，的确有点煎熬。尤其是在过南纬60°左右的时候，风浪特别大。这里号称‘魔鬼西风带’，一般人会晕船倒下。”唐立梅说。

当他们真正到达南极时，窗外风平浪静，浮冰片片，企鹅左右摇晃着走来走去，海豹慵懒地趴在冰上一动不动。景色虽美，唐立梅却时刻记得自己的科考任务。她的主要任务之一，是为中山站的科研人员运送物资。由于南极处于极昼，24小时白天，为了方便作业，船员们分两班，“昼夜”不停。完成卸货任务之后，“雪龙”号开往恩格斯堡岛，为即将建立的第5座科学考察站进行新建站的奠基仪式，这又需要工作人员一刻不歇地向岛上输送建站所需的各种建材和集装箱。

这次科考的另一个主要任务是地质考察及样品采集，而这正是唐立梅的专长。但是整个南极陆地被大雪覆盖，异常难行，人走下去的每一步都会留下一个深深的雪窝。有的地方下面有特别的“幸运”——所需样品，而有的地方却是危险——湿滑的碎石。工作人员每天穿着笨重的企鹅服，在低温下，在被茫茫雪原反射得格外刺眼的阳光下，背着几十公斤重的样品，连爬上几米高的土丘都非常艰难。这样做，累吗？答案是肯定的，但是唐立梅认为，一切又是值得的。

165天之后，唐立梅满载而归，从南极采回的样品在实验室被进一步地打磨和研究，以便探索南极恩格斯堡岛的岩石成分、成因和演化过程。

成长经历与职业感受：“坚持！为人生中的机会时刻准备着”

能够获得如今的成就，是因为唐立梅在地质科研的道路上付出了异于常人的努力。

从小学开始，唐立梅就有一个当科学家的梦想。从小成绩优异的她在高考时却发挥失常，去了一所与自己的理想相距甚远的大学就读勘查技术与工程专业。本科毕业后，她在勘察设计院工作了一年，然而她不甘于现状，决定辞职考研。考研复习期间，从早上6点多到晚上10点，她一直在大学的图书馆里学习，每天晚上还要穿过一条没有路灯的小巷子，回到临时租住的小破房子里。虽然辛苦，但她坚持走过了这段“人生最低谷”的时期，进入昆明理工大学地球科学系读研，用两年的时间攻读完硕士，顺利进入浙江大学读博。

路漫漫其修远兮，唐立梅坦言，“无论学习什么专业，进入博士阶段都要克服无数艰难，经历一番磨难”。由于本科和硕士阶段都没有接触过科研，唐立梅对于理科的科学研究异常陌生，于是，她从学习本科生课程开始，到跑野外、采集样品，再到学会碎样、筛分、测试分析，一步一步地熟悉科研。

在浙江大学读博的经历对唐立梅之后走上科考之路有着深远的影响。在导师陈汉林教授的鼓励和悉心指导下，唐立梅建立起科研攻坚的信心，并明确了科研攻坚的方向。杨树锋院士和陈汉林教授也带领她参与到实际的科研项目中，这很好地锻炼了她的科研能力，为之后的科考工作奠定了坚实的基础。据唐立梅回忆，地球科学学院的学术氛围浓郁，“特别是我们教六5楼的团队，会定期以报告讲座的形式分享彼此的学习和科研成果，学长学姐刻苦钻研的精神时刻激励着我，我只是努力奋进的团队中的一员”。经过博士阶段“近乎涅槃”的学习，唐立梅领略到了地质学的魅力，逐渐走进科学研究的殿堂。

毕业前夕，唐立梅听取了来自自然资源部第二海洋研究所（以下简称海洋二所）的科学家韩喜球（浙江大学2001届构造地质学博士）和陶春辉（浙江大学2005届构造地质学博士）做的关于大洋科考发现海底“黑烟囱”的报告，这次经历激发了她探索海洋奥秘的兴趣。2010年，在毕业前夕，唐立梅到海洋二所面试，被顺利录取，从此开启了她的海洋科考之旅。

“科研所的工作是什么样的？困难但有趣”

唐立梅在海洋二所的研究方向是海洋地质。被问到科研型机构的工作内容时，唐立梅说，她的日常工作就是申请课题、做课题、出海、采样做实验、看文献、写航次报告、发表学术论文、参加学术会议、做年度课题总结并完成课题任务，跟浙大科研岗老师的工作内容很像。工作的困难之处还是在于科研本身：捕捉到一个新的、有价值的想法，在TOP期刊上发表论文，挖掘并解决核心科学问题，都是工作的难点和重点。奇妙的是，科研工作的有趣之处也正是在此，当你解决了一个问题时，就会收获极大的快乐和满足。同时，由于科研工作需要到处考察、收集样本，并参加学术会议以进行交流学习，唐立梅能够有机会到世界各地去，看到很多不一样的风景。

谈到从事科研工作所需要的特质，唐立梅说，科研工作和其他的工作一样，都需要从业者认真地对待工作，静下心来，善于思考。在职业选择上，她建议，最好能从事自己真正喜欢的、有热情的工作。对于自己的科研之路，唐立梅总结道：因为喜欢所以才能一直坚持。“如果热爱科研，那就要坚持：坚持梦想，坚持学习。我相信天道酬勤，越努力越幸运。”

多年以来，唐立梅的科研成果显著。作为一名一线科技工作者，她主持了国家自然科学基金、国家重点基础研究发展计划（973计划）子课题、中国博士后科学基金、国家海洋局青年基金等多项基金项目，在*Earthand Planetary Science Letters*、*Science China : Earth Sciences*等国际及国内顶级期刊发表学术论文20余篇。

科研工作忙碌而充实，就在唐立梅接受采访的第二日，她将启程赴悉尼麦考瑞大学进行为期3个月的学术访问。

一位科学家的社会责任：“在努力提升自己的同时，积极地影响他人”

作为一名海洋科研工作者，除了肩负为国家勘探资源、维护祖国权益的责任，唐立梅始终将加强科学普及作为自己的另一个重要责任。

2017年，她作为嘉宾参加CCTV-6综艺节目《国片大首映》之《战狼2》特别节目，宣传海洋科考。2018年，她作为嘉宾参加CCTV-3《越战越勇》节目讲述科考故事；同年，受邀参加中国科协科普部主办的“我是科学家”活动，做主题演讲并受聘为科学顾问。

由于她特殊的科考经历，中信出版社专门找到她，请她翻译一本讲述40余位探险家故事的科普读物《伟大的探险家》。这本被刘慈欣等人推荐的译著将在今年上市。除此之外，唐立梅还发表过《在海洋深处绽放》《海底的山脉及其资源》《蛟龙号的科考旅程》等科普文章。

对于科普，唐立梅有自己的想法：到好的平台进行演讲，或者参加收视率高的节目的访谈，往往会带来比较好的效果。未来，唐立梅也愿意继续到学校或者其他单位做科普报告，出版科普读物。

通过科普，唐立梅想让更多的人了解海洋、认识海洋，让更多的年轻人爱科学、爱创新。也许是受到自己经历的影响，唐立梅向我们分享她做科普演讲的心理感受时谈道：“也许今天有人听到我的演讲，他心里就埋下了一颗想成为科考队员的种子，未来就会有更多的人加入我们。”

2018年夏季，作为优秀校友代表，唐立梅受邀在浙大研究生毕业典礼上发言，她希望学弟学妹能足够自律，拥有强大的执行力，保持独立的思想和自由的灵魂。“如果你找到了自己真正喜欢和擅长的事情，就坚持把它做好。如果你还没有找到，那就把当下的事情做好，真正付出了，做好了，它同样会带给你成就感。要永不言弃，坚持自己想要坚持的。保持对世界的好奇心，前进的脚步永不停歇。”

唐立梅受邀在浙江大学2018年夏季研究生毕业典礼上发言

采访小记

2019年4月，我们很荣幸地以记者的身份采访到我们的优秀校友——唐立梅。在刚开始的时候，我们还是比较拘谨的。但是，随着了解和交流的深入，我们发现唐立梅校友愈发地像一位亲切的学姐。

在采访过程中，“开阔明朗”这个特点在她的言语之间显露无遗。她坦承，日常工作相对来说是比较枯燥的——做课题、做实验、写报告、参加会议，但快乐就是来自于枯燥的点点滴滴，能够从事真正喜欢的职业就已经很快乐了。对我们而言，这是一种直观的启发。她也对我们的职业规划提出了一些建议：考虑自己的兴趣，静心思考，认真负责，挖掘其中的乐趣。

当谈及大洋与南极的科考时，唐立梅校友为我们绘声绘色地展示了一个云谲波诡的世界。海洋生物有的如流星般一颗一颗划过，有的像萤火虫般萦绕窗前，也有的如烟花般散开。在唐立梅校友描述的过程中，我们注意到，困难总是被克服，克服之后总会有意外收获。晕船之后就习惯了，寂寞之后是自然的陪伴。我们仍记得唐立梅校友说的："我见过这世上最美的日出日落，朝霞晚霞；我见过真正的'海上生明月'；我拥有过最团结的海上科考团队，最纯粹的科考友谊。"

今年，唐立梅校友又荣获"全国向上向善好青年"称号。这背后是不懈的努力、不断的付出、不停的突破。科研之路漫漫，尔行尔道，虽远必至。我们想，这就是科研人的精神。

采访时间：

2019年3月28日（线上采访）

采访及撰稿：

滕晓咪　大气科学专业2017级本科生

季程涛　地理信息科学专业2018级本科生

图片来源：

唐立梅，"浙江大学"微信公众号

李　栋

从心而行，做微观世界的领路人

李栋，1983年生，云南个旧人。2006年毕业于浙江大学光电信息工程学系，并保送香港大学硕博连读，之后在美国霍华德·休斯医学研究所从事研究工作。2015年回国后，任中国科学院生物物理研究所生物大分子国家重点实验室研究员，创新课题组组长。从事生物光学成像技术开发，重点研究适于活体、高速、低漂白成像的超分辨率显微镜，以及多光子荧光组织成像技术等。

同时，他还入选国家“青年千人计划”，是中科院“百人计划”技术英才称号获得者。2015年获PicoQuant青年研究员奖。牵头的掠入射结构光超分辨成像技术发展与应用（*Cell*, 2018）项目入选2018年度中国十大科学进展。

1677年，荷兰科学家安东尼·列文虎克（Antony van Leeuwenhoek）使用自己制作的显微镜首次成功观察到了活细胞。此后，观察细胞乃至细胞组分最真实的模样成为生物学界的重要课题。几百年来，无数的科研工作者投身于显微镜技术的探索之中，致力于将那个“看不见”的世界展现在我们面前。李栋就是其中的一分子。

浙大求学路，兴趣是第一动力

回忆本科阶段的学习生活，李栋提到最多的就是“兴趣”二字。2002年，李栋作为当年光电系唯一一名云南籍学生来到了浙大。当时的紫金港校区刚刚建成，许多基础设施都还未完工，条件甚是艰苦。在这样的环境中，李栋将每天的大部分时间都放在学习上，很少参与其他的活动。这样的生活看似很单调，甚至有些无聊，但是对他来说，反而是乐趣所在。用他的话来说，就是“发现了自己的兴趣爱好”。在不断的学习中，李栋获得了越来越多的成就感与满足感，这成了他在较为艰苦的环境中坚持下去的动力源泉。随着专业学习的深入，李栋对光电这个学科的兴趣和投入时间逐渐增加。

但李栋也并不反对在其他事情上花时间，他多次提到他的老师刘旭先生的一句话：“不管你做什么，不要浪费你的时间。”就是说：不管是打游戏，或是看书，还是做别的事情，总要有所收获。他还提到，无论以后自己是否在本专业方向发展，一定要找准感兴趣的方向，由此能够让自己成为优秀群体中的一员，这样才能不辜负四年的时光。

结束了紫金港的两年生活，李栋来到了玉泉校区并逐步接触科研。所谓万事开头难，在这个阶段，李栋也遇到了不少问题。他认为，在这个学科分工极细的时代，许多本科生的专业课内容其实还很基础，远远不能满足科研工作的需要。例如，做一个简单的模拟分析需要额外学习很多东西，查阅很多文献。当时的学校还没有订阅很多电子版的光学期刊，他想查阅的很多文章都要到图书馆复印，这在给他增添了麻烦的同时，也让他对辛苦得来的资料格外珍惜，从而间接地促进了他的学习。

在科研的起步阶段，他认为每个人都难免会遇到各种各样的问题，但是只要把这些问题一个一个分解开来，并且不遗余力地努力投入，问题也会逐渐迎刃而解。毕竟科研本身就是一个试错的过程，很多基础能力需要不断地进行积累。如果一开始就很顺利地做出成果，这反倒有很多运气的成分。在积累的过程中，我们也能够更加坚定自己做科研的初心。只有当自己静下心来真正去体会过了，去了解科研了，自己才能从实际情况出发，做出正确的选择，找到最合适的答案。

只身赴海外，环境是发展的基础

结束了浙大的四年本科学习，李栋被保送到了香港大学瞿佳男教授的课题组读研。事实上，他回忆起来，这件事也算是一次机缘巧合。当他已经保送研究生，准备攻读硕士时，恰逢瞿佳男教授来浙大招生，在学院刘华锋老师的推荐下，他抱着试试看的心态参与面试，并被成功地录取。

提到选择到香港读书的原因，李栋表示最重要的一点就是，当时香港的科研条件更好，有更多的锻炼机会。无论是设备的数量与质量，还是工作的参与程度，香港都要比当时的内地更胜一筹。他认为，既然决定攻读硕士甚至博士，就要设定一个大目标，然后按照这个目标，向着能够为自己创造更好的科研环境的方向迈进。这个环境既包括硬件环境，也就是必要的实验设备，也包括软件环境，即导师的水平及其在领域内受认可的程度，以及课题的前沿性，等等。他认为，对于准备读研的学子，了解这些信息是至关重要的。

时至今日，国内很多研究机构的科研条件已经远远超过国外的很多大学。李栋认为，国内科研环境的向好发展给了现在的毕业生更多的选择。并非只有出国深造这一条路可以选，如果国内的研究环境能够创造更好的条件，带来足够的训练，搭建的平台足够大，能让自己得到更好的发展，留在国内工作不失为一个明智的选择。

埋头搞科研，听从内心的选择

对于就业选择，李栋表示每个人都有属于自己的路，到了某个节点，听从自己内心，自然就会做出最适合自己的选择。以他为例，他最终选择科研这条道路，也经历了两个重要的节点。

首先，本科毕业时，他仍然想继续学习。因为他觉得从本科的课程来讲，尽管他涉及了光学的很多领域，但假若真的要在某个方面去解决一个问题，自己的知识还远远不够。他觉得选择科研这条道路可以让自己在光学领域持续深耕，能让自己获得解决一些具体问题的能力，而这正是自己所期望的。

其次，到香港读书之后，他深深地感受到生物光学成像技术的高速发展。如果自己有机会参与其中，能够推动前沿技术的发展，这将是一件非常有成就感的事。相比于到大公司工作，他更喜欢相对自由的研究。因为，他觉得如果到大公司工作，那自己就只能遵从公司的战略，负责某一部分技术的研发，而无法掌握整体。但是假如从事了科研工作，自己可以更多地了解整套系统，从物理原理到硬件、软件，再到它的一些应用场景，如此掌握方方面面，使他有一种特殊的成就感。此外，在

2006年左右，超分辨成像技术经过许多研究者的努力，到了一个爆发式的增长期，并且被快速地应用到了生物医学领域。投身于这个浪潮之中，对于他来说也是一个不错的选择。

而对于做科研没有“钱途”这个老生常谈的话题，李栋表示，无论是国内还是国外，科研的确是一个高投入低回报的工作，但是科研工作可以给自己提供一个相对稳定的环境来做事，这也是它相较于其他工作的优点之一。他还补充说，做科研更多的是兴趣使然，是一种自觉自愿的投入，只要自己对这项工作有着极大的兴趣，这些所谓的问题都可以解决。他认为，做科研可以利用个人或者政府资助的资源，做自己感兴趣的研究，这本身就是一个比较奢侈的工作。所以说，真正身在其中、乐在其中的人并不会觉得科研没前途，毕竟每个行业都是这样的，总会淘汰一批人，也总会有一批人出类拔萃。我们要考虑的，应该是怎么通过努力，在行业中脱颖而出。况且近些年来，国内的科研环境也越来越好，无论是国家的政策，还是企业的投资，都比较重视科研创新，可以预见自己所从事的领域将会得到一个很快的发展。所以选择科研作为自己的职业，并不是一件坏事，反而是对个人价值的一种体现与提升。

归国建团队，不畏险阻努力向前

2015年，李栋回到内地，到中科院生物物理研究所工作，开始组建超分辨成像团队。尽管之前他已经对研究过程中可能遇到的问题，以及各个研究阶段的成果都有了一定的预期，但是团队刚刚组建时，由于课题的前沿性以及交叉性，一切都要从头开始，这对课题组的每个人都是极大的考验。

那段时间，李栋每天到实验室的第一件事就是一对一地与学生交流，了解最近的实验结果，以及遇到的困难，然后再确定今后的工作核心。他认为这样的习惯对课题的推进很有帮助。对于组内刚刚开始做科研的同学来说，他们往往不知道从何下手，因此，尽早地了解自己需要学什么，向哪个方向努力，是很关键也是很有益的。他将这个习惯坚持到了今天。在李栋以及组内同学的不断努力之下，整个团队的能力也逐渐地锻炼起来，后面的研究也越来越容易。

同时，李栋认为做科研也不是闭门造车，而是需要多与他人交流，因此他也喜欢了解其他领域的前沿问题。比如向前来实验室的生物学家了解他们的研究方向，和同事一起吃饭时讨论他们在研究中所遇到的问题，看一些所内其他研究组发表的研究成果，等等。在这些思维的碰撞中，他获得了灵感，为自己的研究找到了新的思路，也解决了许多研究过程中的麻烦。

给学弟学妹的建议

李栋十分强调本科学习的重要性。尽管每个人的成长轨迹都不一样，也并不是每个人都会从事科研工作，但是大家应该重视本科阶段的专业学习，毕竟以后从事的工作多多少少都会跟现在的专业有一些联系。他认为，现在学习的专业就是自身的一个代码，是定位自身工作的一个基本的参照与敲门砖。对于本科阶段的专业基础课学习，要趁现在打磨好，至少在脑中留下一定的印象，将来需要的时候也能很快地重拾起来。无论将来从事什么工作，都要在本科四年时间中尽可能做到最好，不辜负大学时光。

SIAT

采访小记

在中科院工作的李栋十分忙碌，事前我们准备去北京对他进行面对面采访，却因为他周末要出差而被迫取消，我们对此深表遗憾。但是在电话采访的这一个多小时中，他用真挚诚恳的言语向我们娓娓道来，使我们顿时倍感亲切。他聊了很多关于他自己的经历，也讲了许多自己的故事，让我们获益匪浅。

其中，给我们印象最深的大概就是他反复提到的“兴趣”二字。的确，人们常说“兴趣是最好的老师”，其实从李栋的身上我们可以看到，兴趣不光是自己学习的动力，更是获得成就感与满足感的源泉。无论是选择读研还是选择出国，他做出的这些决定对他而言都是正确的，因为这是“兴趣使然”。有这个强烈的兴趣驱动自己去学习，去思考，去体会，去感悟，我们就可以轻松地解决学习生涯乃至职业生涯中遇到的困难。

科研工作是辛苦的，这一点从李栋繁忙的日程中就可以看出。但是当我们真正投入科研之中，就会发现科研又是极为快乐的。当看到自己的成果被应用到医学领域，惠及人民乃至为国家做出贡献的时候，那种成就感真的妙不可言。诚然，科研工作或许没那么有“钱途”，但是让自己投入自己所热爱的事业中，穷极一生去追求、去探索，这本身就是一种自我价值的实现。科研工作者特有的热忱与真挚，是我们每个人需要学习的，也是我们每个人都应该有的人生态度。

总而言之，这次采访给我们带来的是对实现个人价值的思考，也给我们这些尚在迷茫期的本科生指明了一条道路。希望我们每个人都能有对学习或者生活的热忱与真挚，不论将来从事什么工作，这都是我们应该有的宝贵品格。

采访时间：

2019 年 4 月 26 日（线上采访）

采访及撰稿：

孙东岳　光电信息科学与工程专业 2017 级本科生

彭子钰　光电信息科学与工程专业 2017 级本科生

图片来源：

李栋

李铁风
一个做发动“肌”的多面手

李铁风，博士，副教授，博士生导师。2003—2007 年在浙江大学工程力学系攻读工学学士学位；2007 年保送进入浙江大学应用力学研究所攻读固体力学博士学位；2009 年赴美国哈佛大学应用科学与工程学院进行博士联合培养；2012 年 8 月博士毕业后进入浙江大学应用力学研究所工作，加入浙江大学交叉力学中心，现为浙江大学软体机器人与智能装备实验室负责人。主要研究方向为软物质力学、智能材料结构设计、软体机器人、水下智能装备、医疗康复装置等，在 *Science Advances*、*Advanced Materials* 等重要期刊上发表论文 40 余篇，论文被引 800 余次。主持国家自然科学基金优秀青年基金，入选中国科协青年人才托举工程，获《麻省理工科技评论》中国区“35 岁以下科技创新 35 人”（MIT TR35-China）等荣誉。

“阿基米德说‘给我一个支点，我就能撬动地球’，而我呢，给我一块橡皮，我就能把它变成一个发动‘肌’。”发动机的研发制造在我国还处于起步发展的阶段；而关于发动“肌”的研究，我国已经走在世界前列。这正是得益于李铁风在软体机器人方面的钻研创新及其所取得的研究成果。

他是勤于科研的“养鱼人”，喜欢在挑战中寻求科研的乐趣，拨云见雾、格物致理；他是乐于教授的“好先生”，在科研的道路上愿和学生一起认真求索，亦师亦友亦知己；他是明于艺术的“多面手”，在这位理工男的世界里，不止有软物质，还有软文化，心有猛虎，细嗅蔷薇。

拨云见雾、格物致理的“养鱼人”

为什么说李铁风是一个“养鱼人”呢？因为他所研究的方向是软物质力学，基于多年的研究积累，自2014年开始研究制作软体机器鱼，所以同事们都开玩笑地称他为“养鱼人”。然而要做一个成功的“养鱼人”绝非易事——从2014年设立课题，到2016年才真正做出了这条鱼，目前关于这条鱼的相关研究还在继续进行。从最开始的一个个公式，到后来的一条条软体机器鱼，这一路上所遭遇到的一系列难题（实验设备简陋、科研经费不足、国内外可借鉴经验几乎空白、设计方案匮乏等）都被他一一攻破。而今他还在不断探索，力求将这条鱼做得更灵活、更实用。杭州G20峰会时，他还做了G20字样的鱼来庆祝这个伟大盛会。此外，基于现有软体机器鱼的研究，他还将研究成果拓展到医疗等领域，以求实现科研成果应用的最大化。

李铁风善于打破传统，勇于创新，敢于探索。在读博期间，为了实现更大的材料驱动变形，他提出了一种和原来的控制手段完全相反的方法，简单地说就是“诱导其失控进而让它可控”。为了验证这个理论，他做了大量理论推导和仿真计算，搜索各种可能的载荷条件与结构参数，最终虽然计算结果得以被验证，但是还缺少实验验证。那时他所在的实验室没有相关的设备和实验条件，就只好到处建议其他人做这个实验，但是没有人感兴趣，因为大家都觉得一个博士生提出的这个不同于常规的方法行不通。纵使遭到多方质疑，他也没有放弃，而是自己想办法设计验证实验，购买相关的实验材料。在实验中，他需要一个高电压装置和一种薄膜，由于实验室没有相关设备，他就到超市去买可以激发出高电压的电蚊拍代替。就是用这样最土的装置，他完成了实验原理的验证。虽然实验结果较为粗糙，精度也不高，但是正是这个简易的验证实验说服了大家来支持和帮助他完成后续实验。也正是这种大家认为不可能的技术方法让他成了一名“养鱼人”。

科研的道路坎坷多艰，而他却无所畏惧。作为一名科研工作者，他觉得能够享受一线科研的快乐，是对科研事业最大的达观与豁然，也是最值得称赞的科研态度。比如，和同学一起修水箱，连续两周熬夜加班研究课题，为了想出好点子绞尽脑汁。在科研中经历的每一次攻艰，都是属于他的财富与快乐。

他作为一个“养鱼人”，在科研的路上有着别样的坚毅，对待科学态度严谨，对待研究大胆创新。他以实际行动充分发扬与践行了浙大人的“求是创新”精神，在科研路上真正做到了拨云见雾、格物致理。

亦师亦友亦知己的“好先生”

作为大学教师，科研是工作的一部分，教学也是工作的一部分。对待学生，李铁风有着独到的教育引导方式，他时常从自身经历出发，与学生分享自己的经历与经验，以求对他们有所启发。

他的学生说：“我们和李老师的关系，我觉得说成兄弟也不为过。李老师在和学生一起进行的每一个课题研究中，他都鼓励、引导学生独立思考，在遇到难题时也会和大家一起攻关。”

他把在哈佛大学学习的感悟分享给学生。他认为哈佛的学生之所以科研厉害，除了实验设备好、资源丰富这些客观的基础条件外，还有一个重要的因素就是勤奋。凭借着对科研的热爱，再加上自己的不懈努力，经过一定时间的坚持，肯定能有所收获。他告诉学生，今后做研究需要有对真理不停歇的追求和长期持续的热情，不能一遇到困难就退却。科研看似枯燥，但其实并非如此。科研工作者必须学会在科研中寻找属于自己的快乐和兴趣，学会享受科研的过程。

他时常鼓励学生要做敢于试新的小马：小马过河，只有自己过了才知道河水深浅，这样才能做出合适的选择。当然还要以严谨靠谱的作风来做小马，先要打好扎实的基础，学透彻，想明白，在其中融入新的想法，最终进行实践，科研就是这样一个过程。

他告诫自己的学生要做深谋远虑的象棋手，不要只顾及眼前的事情，要像下象棋一样多看几步。在科研路上做选择也是这样，一定要学会多角度思考，多方面看问题，不要只局限于眼前。要有深度，也要有底气，更要有勇气。

他和学生一起走在科研一线，既是导师，又是合作伙伴，更是知心朋友。平日里，他时常关心学生的生活情况，经常抽空与同学们交流谈心。

“心有猛虎，细嗅蔷薇”的“多面手”

理工科出身的李铁风也十分重视自身的文化修养。他有着自己的爱好，平时会写写诗、弹弹吉他、唱唱歌。他发现这些爱好对于他的研究工作有很好的促进作用，可以将他的思维带到另一个空间里，能够让他的大脑换一种思考方式，有助于新的想法的诞生。当科研遇到难题的时候，他喜欢写写小诗，拨拨琴弦，换换思路。这是李铁风在思考自己软体研究发展时写的一首小诗：

未来流似烟，现实实如岩。

生命于柔软，包容启开源。

他喜欢中国传统文化，热爱诗歌，向往那种淡泊名利但又心系家国的豁达与担当。他认为在生活节奏很快的当下，有的时候需要慢一点，诗就能让人慢下来。他说做科研的人就是要沉下心来，不能走得太快太

李铁风在浙江大学航空航天学院
2018 年毕业生晚会上弹奏吉他

急，这样才能走得更加扎实，不断修炼自己、提升自己。他喜欢很多诗人，尤其喜欢李白的洒脱，喜欢李白的粗中有细，心有猛虎，细嗅蔷薇。他认为科研工作中这一点是可以借鉴的，既要有远大的志向，又要能够抓住细节，认真谨慎，不懈坚持。

他相信自然科学和人文艺术在一定程度上是相通互补的。在他看来，自然科学的学习与人文艺术的研究是一个不断交融又相互促进的过程。而他也真正做到了发现并汲取二者中的能量，做到了科研、艺术两不误，自身软硬实力同发展。

李铁风常说："一个人一辈子能做好一件事，然后有些爱好就很好了。"这是他对自己最为质朴的总结。他专心科研，"养鱼人"的科研成果很好地诠释了他的态度；他关爱学生，"好先生"朋友圈的点滴记录了属于师生的情谊；他热爱生活，"多面手"的兴趣爱好诠释了科学与艺术的交融。

采访小记

此次采访让我面对面地领略了李铁风老师这位科研达人的魅力，对他的敬佩之情也油然而生。他对科研的严谨与求是，他对学生的关爱与教育，他看生活的恬静与豁达，这些看似不可能出现在同一个人身上的特点，在他的身上得到了完美的展现，也得到了很好的诠释。他不是一个简单的科研工作者，他真正做到了壮志与情怀并存，科学与艺术共行，梦想与才华齐飞。

我为有这样的师长和校友而自豪！

参考资料

[1]《李铁风——幸福求是地做科研》，https://mp.weixin.qq.com/s/TUVIm6krvsjb9kdlxxjyjw。

[2]《永州四中卓越校友——李铁风》，http://www.yongzhou.gov.cn/2017/0904/401829.html。

[3]《科学900秒⑥丨李铁风：把一片橡皮变成一块肌肉》，https://zj.zjol.com.cn/news/673640.html。

[5]《第二届中国区“35岁以下科技创新35人”出炉》，http://www.sohu.com/a/290907238_120046740。

[6]《35岁以下科技创新35人：李铁风》（视频），https://v.qq.com/x/page/o08315q7yi2.html。

[7]《李铁风@TED×QingboST》（视频），https://v.qq.com/x/page/h0860l6fwys.html。

采访时间及地点：

2018年5月4日下午，浙大航空航天学院J526咖啡吧

采访及撰稿：

段寿伟　工程力学专业2016级本科生

图片来源：

网络，记者自摄

何以新之　开物前民

创新创业是时代潮流，也是时代精神。创业不限领域，教育、互联网、医疗、金融等行业，都是创业者可以一展宏图的舞台。但从幕后走向台前，是一场难以预料结局的探险。时间、金钱、健康、生活乐趣被持续消耗是创业者需要承担的风险，能力、勇气、坚持、乐观是创业者成功通关的必备武器。从很少有人注意的舞台边缘走到熠熠闪光的中心位置，创业者则必须迎合时代的需求，或是通过研发创新的技术，或是通过运用新技术、新理念对传统行业进行改造升级，为自己在一众同行中赢取独一无二的竞争力……

“何以新之，开物前民”，是浙大学子需要承担的责任与使命。尽管在开创一片新天地的征程上有许多艰难与险阻，但幸运的是，在这征程中，我们并不是一个人。众多浙大的前辈校友在不同的行业领域中已经取得了可喜的成就。他们作为创业成功者，有着什么样的创业经历？又对后辈有哪些谆谆告诫？让我们走近他们，听一听他们的创业故事。

方　毅
走向数据智能

方毅，个推创始人兼 CEO，2003 年以“特优毕业生”的荣誉于浙江大学竺可桢学院混合班本科毕业，2006 年计算机学院硕士研究生毕业。2009 年，入选由中宣部、教育部和团中央评选的“全国大学生建功立业重大典型”先进事迹报告团。2014 年，在由科技部联合多个部委举办的“中国创新创业大赛”中荣获互联网和移动互联网行业总决赛第一名，获由浙江省人民政府颁发的“浙江省教学成果一等奖”。2017 年，获得由浙江省科技厅评选的“最美科技人”荣誉。2018 年，入选第四批国家“万人计划”科技创业领军人才。现任浙江省青年企业家协会副会长、浙江省青联常委、浙江省工商联执委、杭州市政协委员、杭州新生代企业家联谊会会长。

2019年3月25日上午9时25分，方毅在深交所敲响了上市的宝钟。由他创办的浙江每日互动网络科技股份有限公司（个推）正式登陆深交所A股创业板（股票代码：300766），成为国内首家在A股上市的数据智能公司。

从一个普通的大学生，一步步走向成功的创业者——我们应该好好读一读他的故事。

方毅在深交所敲响上市的宝钟

从“备备”到“个推”——迈向数据智能的创业者

方毅的创业经历，其实早在大学的时候就已经开始了。

2005年，还在浙大读书的方毅丢失了手机，也失去了他的通讯录。他就跟小伙伴们一起研发了一款能够在充电时自动备份手机通讯录的充电器“备备”。这项技术能够应用于1000多种手机、40多个平台，将几G的程序代码变成24k。方毅提起这项技术依然非常自豪，他说，这体现了“非常极致的geek精神”，也是“码农最引以为傲的作品”。

用半年从提出方案到拿出原型，用两年从原型再到产品，在创业基金的帮助下，方毅运用大学所学的工程图学和金工实习的知识设计制作产品，不断降低成本，终于走到行业前端。

2009年，方毅团队推出了当时国内首个基于通讯录的IP短信即时聊天软件——“个信”。个信整合了手机短信和即时消息，跨通信运营商、跨操作系统平台，与好友无限免费互发短信、彩信、语音等，比微信早一年多问世。

但面对微信迅速崛起的压力，方毅和董事会共同决定——放弃“个信”，专做“个推”，专注于移动应用的消息推送，做一个连接开发者和用户的“信息快递员”。通过这项技术，开发者不仅可以在应用推送功能上节省开发成本，还能帮App用户省下流量和电能，更可以通过智能推送，帮助App开发者把合适的信息在合适的时间和地点推送给合适的人，进行精细化运营。

关于如何用算法给人物画像，方毅给我们举了一个在不侵犯隐私的前提下，找出中国3000万真球迷的例子。解决这个问题只需要在世界杯期间搜集用户手机充放电的数据——通过手机充放电数据分析机主的睡眠区间，而那些在世界杯期间的后半夜处于清醒状态的，往往就是真正的球迷。

方毅总结说：“做数据智能不是坐在电脑前，更多的是积累大量社会学的经历，熟悉营销的场景。”

这些年来，个推在行业内率先推出了省电省流量、高并发、高吞吐的消息推送模式，在产品的逐步更新中，更是融合了大数据人群属性分析、精准用户画像、LBS地理围栏等核心技术。技术的不断打磨和服务的优化升级，使得公司不断获得投资人的青睐，直到今天，公司都保持着不断向上的发展态势。

"Hit the ground running!"

3月3日，每日互动董事长方毅在朋友圈里晒出了一张老照片，是2010年每日互动创办时位于古荡湾南苑的一间办公室，唯一值钱的是一台示波器，桌子是花几百元向浙大毕业生买来的。

不忘初心——用大数据开启智慧公益时代

利用大数据研发地震预警服务的念头很早就萌芽于方毅的脑中，"2008年的汶川地震对我触动很大，当时我就想做'科技公益'，思考能不能用大数据和推送技术为国家'减灾救灾'工作服务"。

2017年3月，在国家预警信息发布中心、中国地震台网中心等的指导下，在成都高新减灾研究所的参与下，中国移动互联网公益推送联盟正式成立。联盟的宗旨是希望可以用"互联网+"的模式，通过手机消息推送的方式为社会大众第一时间传递各类灾害预警信息及公共突发事件信息，指导避险。在地震预警方面，公益推送联盟希望联合更多的互联网领先App一起发力，让预警消息在移动互联网的世界传播得更快，覆盖更多的用户。个推为该联盟提供推送技术，联盟成员主要有辣妈帮、e代驾、中华万年历、春雨医生、快马小报、微贷网、查阅社保等App。

公益推送联盟在接收到地震预警信息后，能够根据地震震级、影响范围、用户地理位置等信息，并通过个推大数据算法进行精准推送，以毫秒级的速度将预警信息以震源为中心快速传播到用户手机上，还能够根据用户所在位置与震源中心的不同距离，在手机上显示不同的倒计时读秒，这种预警方式能够为人们避险争取几秒到几十秒的黄金时间。这正是利用人们一般不太会关闭手机，且会随身携带手机的行为特点，再加上消息推送的快速性和精准性，让预警信息能够打破传统传播的壁垒，更快更准地传播覆盖到受灾地区人群。

对于灾害预警系统的发展，方毅有着更大的抱负，“我想推动‘国家灾害预警系统’的建设。欧美国家都有，我们国家相对滞后。我希望在这些方面再做些努力”。

学霸夫妻，携手共进

其实在方毅的创业过程中，有个不得不提的人，就是他的夫人——张洁。

张洁，人称“花姐”，是浙江大学竺可桢学院2002级文科班毕业生，涌泉基金发起人、个推联合创始人、梦想小镇湾西加速器创始人，现为华旦天使投资总经理。

对于方毅，她不仅是爱人，也是合伙人。

这对夫妇演绎着自己既为创业者又是天使投资人的故事。

当方毅在创业路上不断奋进、开疆扩土之时，张洁却在以她丰富的经验和优质的资源扶持新一代的创业者们。近几年，她先后投资了每日给力游戏、11点11分（校园匿名限时社交产品）、嗨盗券、回车科技、老师来了、答疑君、易露营等多个项目。这些项目基本是浙大学生的创业项目，多属于移动互联网领域，工作地多在杭州。2014年，美国《纽约时报》在报道中用“母鸡妈妈”和“严厉教官”形容她的工作。

她说：“我接触的很多都是学生创业者，看到他们，我经常想起10年前刚创业时的我们，除了提供资金，我们还会提供技术、建议、法律等多方面的帮助，尽量帮忙而不添乱。”

2014年，两人共同发起成立了“涌泉—华旦基金”，专注移动互联网行业的种子期天使投资。2015年，两人又在杭州梦想小镇中创立了湾西加速器孵化平台，为创业者提供资金、技术、建议、法律等一系列的创业帮扶。

方毅与花姐一家

除却事业上的“强强联手”，他们的爱情也成为一段美谈。

当被问及爱情观时，花姐说，建议在大学的时候多去谈谈恋爱。她相信爱情需要主动选择。她很喜欢一句话："如果每个人都只有那么一个注定的人的话，从数学概率上说你们俩根本就相遇不了。"

"有的时候你是在找一个partner和你一起面对生活。有一句话这么说：'Make your partner your real partner.'"

这时，方毅打趣地对这句英文做了解释："选一个差不多的就行了。"

花姐也爽朗地回应，"我追求了师兄，主动选择最好的，他被动选择差不多的就行了"。

浙大与竺院——创业路上最温暖的家

浙大，可以说是这对伉俪的相遇相知之地，也是创业启程之地。事实上，浙大一直非常重视创业教育，方毅就曾经是竺院创新与创业管理强化班（ITP）的一员。对于方毅而言，竺院是一个非常亲切的存在。他提及胡海平师兄（师董会董事长兼主席，浙江大学竺可桢学院混合班优秀校友）——发个邮件过去，就会得到帮助支持。他说，他依然记得院长说过的一句话：每个竺院同学毕业的时候都是"富二代"，富在哪里？富在带着几千个校友的资源。毕业的时候，学院交给你最重要的资产就是"校友通讯录"。

事实上，方毅也从来没有忘记过母校，他时常回校为同学们演讲，传授创业经验。他曾在2010届学生毕业典礼上表示："创业的经历告诉我，我们浙大学子的影响力无处不在，请时刻记得，无论到了天南地北，我们都要骄傲地告诉大家，我们是浙大人！"

在一次回校的分享会上，方毅给在校的学弟学妹提出了一些建议：首先要学好基础学科，例如离散数学、线性代数。但在此之外，不要忘了人文学科，因为：学好理工科，人生有了保底；但人文学科，可以把人的天花板打开。

他一直记得一句话：在学校的时候，要想尽一切办法，多一些时间去栽跟头。因为，在学校里栽跟头，你是学生，是在学习。但在社会上，你栽跟头，就没有人给你交学费了。

这话，他一记就是20年——这是竺院人、“混合人”永不停息的学习激情。这种激情，在日后的创业途中，也一直伴随着他。

方毅在浙江大学2010届学生毕业典礼上作分享

古有言：“筚路蓝缕，以启山林。”创业路上从来没有一帆风顺，有的只是无穷无尽的挫折与困境。很多时候，更需要面临艰难的抉择。但方毅说，在困境中，很多决策不是毅然决然的。只是说，干趴下了怎么办呢？总得爬起来，明天的太阳还得看。很多时候，其实是只能继续前行。

“竺山论剑”分享（右二为方毅）/摄于2019年4月28日晚

其实坚持有时候是挺容易的，但需要智慧去决断要不要坚持。这个时候，要去问问内心，出发之前怎么想。当然，人不可能永远打鸡血，该放下时就要放下。压力要定向地瞄靶，“个推”出去。

采访小记

在采访的过程中，方毅给我留下的印象是儒雅、谦和而又从未停止过创新的思考者。他在讲述自己遇到的种种挫折之时，淡泊之下蕴含的坚毅令我动容。没有谁是随随便便成功的，优秀如他，也要一次又一次在艰难的境地中作出抉择。

在分享的过程中，他对于当今世界以及未来科技发展的一些看法也让我耳目一新。例如，对于分享会上一位同学提出的问题：“如何对待那些看起来人工智能不可计算的东西，如情感、潜意识、审美，等等？”方毅回答说，他很喜欢观察那些在宏观上静止而在微观上剧烈躁动的东西，如瀑布流、火苗等。这些东西所拥有的知识的深度是无止境的，但是，研究这些东西的深度，在眼下只需达到应用的维度就够了。比如找女朋友，你没有必要把她打开到细胞级的程度来看。目前未知的知识并不代表其不存在，包括情感、潜意识、审美等，一切最终都可以被定量化，这只是时间问题。也许这就是对于科技的信心——我们或许只需要耐心等待，谜团终有被揭开的那一天。

对于我们初开眼界的学生而言，这次访谈是不可多得的次交流。我们也许无法学到很多，但可以因此看得更高、更远一点。在看得更高更远之后，不论是学习探索，还是创造发明，在迈出脚下通往未知的步伐时，也许会多一些坚持下去的勇气。

我们也会永远记得他所说的那种“竺院人、‘混合人’永不停息的学习激情”，不去畏惧失败，永远走在尝试的路上。

参考资料

［1］浙江大学校友总会微信公众号：《从创业到创业板，浙大校友方毅带领每日互动成功上市！》。

［2］“个推 GeTui”微信公众号：《个推联合各大 APP，用公益推送助力地震预警信息发布》。

采访时间及地点：

2019 年 4 月 28 日晚，浙大紫金港校区蒙民伟楼 223 报告厅

采访及撰稿：

沈棉　竺可桢学院数学与应用数学（金融学创新平台）2018 级本科生

图片来源：

“浙江大学校友总会”微信公众号，记者自摄

钱　昊

从学术界转向工业界的创业者

钱昊，1981年生，浙江湖州人，于2003年和2006年分别获得浙江大学电气工程学院电气工程及其自动化专业学士学位和硕士学位，2011年获得美国弗吉尼亚理工大学电气与计算机工程系博士学位。2009—2011年，就职于美国国家半导体公司，任高级电路设计工程师；2011—2012年，就职于美国德州仪器公司，任高级应用工程师；2012年，作为联合创始人创立北京海博思创科技有限公司，任技术总监和副总经理；2014年，被评为北京市“海聚工程”高层次人才，担任北京市特聘专家，同年，被评为北京市海淀区“海英人才”；2017年，被评为中关村高端领军人才。

从浙江大学到弗吉尼亚理工大学，再到德州仪器，最后在2012年回国创办海博思创，钱昊实现了从学术界到工业界的转型。短短数年时间，海博思创这家学术界与工业界双星助力公司取得了迅速的发展。

七载浙大求学，初步规划未来

1999年9月，钱昊进入浙江大学。在浙大求学期间，他踏实勤奋，成绩优异，曾多次获得浙江大学优秀学生一等奖学金、浙江大学优秀学生二等奖学金以及三星奖学金、王国松奖学金、FERROTEC奖学金等诸多奖项，并且还被评为2001—2002年度校优秀团干部、浙江大学2003届优秀毕业生、2002—2003年度浙江省优秀毕业生、2006年度浙江省优秀毕业生。

在结束浙江大学四年本科生涯之后，钱昊被直接保送攻读浙江大学电气工程学院电机与电器方向的硕士研究生。在导师的指引下，他做了很多将本专业与电力电子应用技术相结合的项目。学科的交叉拓宽了他的科研视野，也让他在电力电子研究方向形成了自己的想法。“仰之弥高，钻之弥坚”，钱昊在研一阶段就对自己的人生有了较为清晰的规划，并制定了出国读博士的目标。在注重科研的同时，他挤出时间为申请国外高校进行语言与GRE（美国研究生入学考试）的学习和考试，并且利用身边的资源搜集了大量关于出国的信息，为美国的博士生涯做好了充足的准备。经过不懈的努力，他在2006年硕士毕业之后被美国弗吉尼亚理工大学电气与计算机工程系录取为博士生。

出国继续深造，奠定深厚基础

在美国弗吉尼亚理工大学读博期间，钱昊担任电气与计算机工程系助理研究员，继续开展电力电子应用技术的相关研究，并作为项目核心人员参与研发了高功率、超高效率（>99%）软开关直流－交流逆变器技术。这是该技术第一次被用在电动车上并取得成功。与传统技术相比，它显著提高了系统的能量转换效率，同时简化了冷却系统的设计。

凭借着较高的学术水平和突出的科研能力，钱昊在2010年2月成为美国*IEEE Transaction on Power Delivery*的审稿人，并一直担任至今。当被问及在学生时代积累下的最宝贵的财富时，他回答道："在学术界，除了基础知识，以及一些科研经历之外，我觉得最宝贵的财富还是学会了如何通过思考去解决问题。"勤于思而敏于行，优秀的习惯使他在电力电子研究领域勇攀高峰。在2013年1月，钱昊又成为IEEE *Transaction on Industry Applications*的审稿人，在学术界的影响力愈发扩大。

钱昊于弗吉尼亚大学

转投工业领域，专注产品研发

在攻读博士学位期间，通过与美国国家半导体公司的合作项目，钱昊获得了去该公司实习的机会。这段实习经历在提高他科研水平的同时，也让他找到了自己的新目标——开展符合市场需求的产品研发工作。博士毕业后，钱昊进入了美国国家半导体公司。作为技术团队的核心研发人员，他参与研发了智能能量管理系统，该系统可应用于电动汽车及电网储能的大容量锂电池管理，在提高了锂电池使用寿命的同时，也增加了电池组的可用容量和系统的可靠性。此外，他又以核心研究人员的身份参与研发了高效太阳能微逆变产品，以提高各种环境条件下光伏太阳能板的能量收集能力。

进入美国德州仪器公司之后，钱昊作为技术团队的负责人开发了应用于大容量锂电池储能的高效氮化镓（GaN）直流-交流变换系统。在实践中，他的科研能力得到进一步提升。从研究人员到项目负责人，钱昊在工作中积累经验，在研发中独当一面，在合作中锻炼各种能力。专注的精神，对事业的热爱，在科研上孜孜以求的执着态度，诠释了钱昊的“求是”精神。

竺可桢老校长曾说：“大学所施的教育，本来不是供给传授现成的知识，而重在开辟基本的途径，提供获得知识的方法，并且培养学生研究批判和反省的精神，以期学者有主动求知和不断研究的能力。”正是在这种主动求知和持续探索下，钱昊将理论转化成为科技产品，使自己从工科博士转变成一位优秀的工程师。

饮水思源回国，走上创业之路

在美国国家半导体公司和美国德州仪器公司工作期间，钱昊做了一些与电池管理系统BMS芯片相关的研发。随着工作的深入以及出于对专业领域的热爱，钱昊更想把系统级的产品做好；此外，新能源汽车的相关产业刚刚起步，在国内有很大的发展潜力。心怀爱国情，笃行报国志，钱昊与公司另外两个志同道合的朋友一起回国，打算用自己的知识和技术推动中国相关产业的发展。2012年8月，钱昊作为联合创始人在北京创立海博思创科技有限公司，并担任技术总监和副总经理。

登高必自卑，行远必自迩。成立一个新的创业公司，使钱昊在拥有更大机遇的同时，也遇到了更大的挑战，因此必须脚踏实地，砥砺前行。在创业初期，他主要遇到两个困难。一是寻找客户的问题：市场很大，客户也很多，但要找到自己的客户却是一件不易的事情。二是公司人员的积累问题：公司一开始只有三个人，如何寻找真正志同道合的伙伴来一起奋斗，如何招揽优秀的技术人才来共同发展，都是亟须解决的问题。当被问到如何解决这些创业初期的难题时，钱昊给出了自己的答案："第一，公司一定要坚持自己的想法，一步一个脚印地把该做的产品做好，这是根本；第二，多拓宽自己的人脉渠道，寻找以前的同学和朋友，推荐一些有用的人才，建立起人才的储备；第三，在客户方面，要积极参加一些会议，了解客户需求，这是必须亲自去做的。"

把握核心技术，引领公司腾飞

海博思创是国家级高新技术企业，因而企业的发展离不开核心技术的把握、核心产品的研发。作为公司的研发负责人，钱昊带领公司技术团队研发的"动力锂电池成组技术"及"微电网储能管理系统"被广泛应用于新能源汽车及电网储能行业，是相关领域的核心技术之一。"动力锂电池成组技术"可以对目前各类锂电池进行成组，在对电池特性全面分析的基础上，采用具有自主知识产权的双向主动自适应均衡技术，在充放电过程中对于电池实行实时的数据采集和分析，实现电池间的电荷均衡，减少和消除电池成组后电池单体间的不一致性，使得电池成组后的性能、使用寿命和安全性大大提高。基于此技术的核心产品“海博思创大容量锂电池管理系统”已经批量应用于电动汽车行业，是电动汽车动力系统的核心技术，拥有巨大的市场前景。

公司的另一核心技术及产品“微电网储能管理系统”是微电网储能系统的核心控制单元，可以控制微电网系统的频率及电压稳定，实现孤岛运行、并网运行、削峰填谷等高级应用策略，做到孤岛运行模式及并网运行模式的无缝切换，从而实现分布式能源的即插即用。在软件架构方面，微电网储能管理系统软件采用嵌入式的实时控制操作系统，控制周期小，系统稳定性及可靠性高。目前，基于此产品及技术，公司已经与国内主要的电网公司及发电集团的有相关项目进行合作，具有良好的市场前景。

此外，钱昊总结了两个使公司得以发展的重要决定：第一，在2013年，公司产品从电池管理系统延伸到电池系统，扩大了产品的范围，同时也拓展了业务，使得公司的营业额有了较大的提升；第二，公司在创立之初就坚持产品面向电动汽车和电网储能两个行业发展，实现优势互补，现在正在努力把两个产业相关的产品整合到一起。他认为这些是使公司取得成功的关键点。

关于创业的时机与方法，钱昊有着自己的看法：“要在深思熟虑之后再做决定，创业是做产品，不是做研究；创业首先要了解市场需求，最终要满足客户需求，这是非常重要的。”钱昊认为，要想创业成功，一定要坚持自己的梦想。创业的艰难和困苦，没经历过的人是难以理解的，但在这个过程中，自己一定要懂得坚持的重要性，“如果认为自己的选择是正确的，就要坚持下去”。另外，钱昊认为，创业的成功也离不开家人的支持。

心怀殷切期盼，寄语学弟学妹

前人的经验可以作为后来者的指路明灯。作为过来人，钱昊也有一些感想和经验、建议想要和学弟学妹分享。

关于电力行业的发展前景，他认为电力行业虽然是传统的工科行业，却也一直在焕发着它的青春。近些年来，新型器件如氮化镓、碳化硅的逐渐发展和成熟，使得电力行业的一些智能化设备如智能变压器的关键技术取得了很大的进步。而且，近几年，新能源并入电网的比重逐渐增加，国家大力扶持电动汽车产业，而这些产业的旺盛需求使得电力行业呈现出朝气蓬勃的发展态势。电力行业作为能源产业的核心，需要不断地创新和发展。作为电气学院的学生，应该在专注学习的同时多接触新的知识和信息，了解产业、行业的变化，为以后的发展做准备。

对于创业的同学，他建议要做好充分的准备，这个准备包括心理上和身体上的准备。创业要担负的责任更大，身上的担子更重，可能还会面临身边人的不理解，承受较大的心理压力；而且创业是一场持久战，没有强健的身体，是无法支撑自己完成创业的。此外，创业不是闭门造车，它需要了解市场需求，平时可以与其他创业的同学多多交流，相互取长补短，共同进步。

最后，他也殷切希望同学们能够坚持自己的梦想，在自己选择的领域走下去，做出一番成就！

采访小记

非常荣幸能参与到这次校友访谈工作中，与钱昊学长交流他从求学到工作，再到如今创业成功的历程。由于学长目前身处北京，我们只能选择用电话的方式来完成这次采访。尽管我们只是几个普通的在校学生，但却没有感到钱昊学长丝毫的怠慢，前期联系的时候，他也积极主动地与我们敲定访谈时间。与钱昊学长的电话交流是非常轻松愉快的，由于我们几个人在采访方面都没有多少经验，在采访交流中不免出现尴尬的场面，他也轻松地将其化解，令我们倍感亲切。

从与钱昊学长的交流中，我们可以清晰地感受到他有自己清晰的人生规划，以及对于自己梦想的坚持。从浙大到弗吉尼亚理工大学，再到美国国家半导体公司和德州仪器公司，直到最后创立海博思创，他始终一步一个脚印地往前走。“想要创业成功，一定要坚持自己的梦想。创业的艰难和困苦，没经历过的人是难以理解的，但这个过程自己一定要懂得坚持。”轻描淡写的一句话让人不难感受到当初创业的种种艰辛，也许这种坚定不移的信念就是他成功的主要原因吧。采访中，他也流露出了对母校和学院的关心，同时也给学弟学妹提了许多由衷的建议。虽然没能与他面对面地交流，但我们已被钱昊学长的人格魅力深深折服。值此毕业之际，祝愿同学们都能坚持自己的梦想，马到功成！

采访时间：

2018 年 11 月 25 日（线上采访）

采访及撰稿：

伍锐恒　电气工程及其自动化专业2015级本科生

康杭颍　电气工程及其自动化专业2016级本科生

赵福林　电气工程专业2018级硕士研究生

图片来源：

钱昊

尉建锋

提起手术刀的另一种方式

尉建锋，浙江大学外科学博士，浙江省“千人计划”人才，曾任浙江大学附属第一医院肝胆外科副主任医师。2000 年本科毕业于浙江大学临床医学专业并获得本校直博资格，2006 年浙江大学外科学博士毕业。2011 年创立互联网医疗准独角兽公司——杭州卓健信息科技有限公司（以下简称卓健科技），现任公司董事长。卓健科技顺应医改大方向，抓住医疗核心诊治业务，自内而外为大中型医院及医疗机构提供互联网化解决方案，打造智慧医院生态闭环，是互联网行业高新技术企业。至 2017 年年底，用户覆盖国内 25 个省，400 多家三甲医院，60 多个医联体协作平台，35 个国际合作机构。

初见尉建锋，方形镜片中透着儒雅温和的学者气息，和煦的微笑又让人倍感亲切。说话不紧不慢的他似乎比想象中更为健谈，平稳的语调下是自由广阔的思想世界，娓娓道来中也不时让我们感受到医者的严谨。

创念之萌——星星之火，可以燎原

人生是一张充满选择题的考卷，每一个看似孤注一掷的选择背后都有着复杂的考量。十一年漫漫医学路，一路顺风顺水地从留美博士到浙江大学附属第一医院肝胆外科副主任医师，在他人看来，尉建锋的职业之路清晰而光明，只需要在这条路上一直平稳前行就可以了。但面对人生道路上的那一个三岔口，尉建锋却选择了另一种提起手术刀的方式。

时间回溯到2006年，当时的尉建锋还在美国做博士后，因为太投入于研究没注意身体，得了应激性胃溃疡，导致消化道大出血，但他并没有意识到之前的头晕是由消化道出血引起的，甚至觉得便色变黑三天是因为吃了奥利奥，直至晕倒送医急救。在那之后，他开始反思：医学生的医学意识尚且不够，何况是老百姓呢?

如果说留学期间的胃出血事件在尉建锋心里埋下了互联网医疗的种子，那么2011年的一场医患纠纷更彻底地让尉建锋意识到了开展医疗知识普及的迫切性，这是促使他踏出“医疗+互联网”第一步尝试的直接动力。

当时，一位40岁左右的患者因胆管炎反复发作造成肝硬化，情况危急，需要急诊住院。经过住院调理后，终于可以安排手术了。没想到在这个节骨眼上，患者的女儿买了一碗面给他吃，吃下后他便开始发高烧、剧烈呕吐，并出现窒息症状。医生们紧急抢救了4小时，还是没能成功。当晚11点多，20多个患者家属闯进医院，开始在医院闹事。当时，尉建锋以死者为大，在遗体面前深鞠了三个躬。患者的妻子看到他这么做后，才让其他家属放他离开。

“老百姓对医疗常识的了解实在是太少了。”他说，“中国缺少一套健全的医疗科普宣传体系。”持续紧张的医患关系如同一面镜子，反映出医者与百姓之间在医疗知识方面储备量的不对等。悬殊的差距，造成了这一道无可奈何的鸿沟。

尉建锋还透露，那次因胃出血在美国医院做完检查后，回到家不到半小时就接到家庭医生的电话，告知他要以最快的速度到指定医院接受急诊处理。让尉建锋疑惑的是，他并不知道他有家庭医生，他的家庭医生是谁？又是如何知道他的信息的？在这么短的时间里，这些事又是如何发生的？一连串的未知，让他开始思考一个核心问题——美国的医疗机制如何能够在短短半小时内实现这些信息的传递和反馈？一通美国家庭医生的救命电话让尉建锋看到中外医疗领域存在的明显差距，也更坚定了他创业的决心。“我想让中国的就医数据实现连贯、互通、共享。利用互联网来构建‘全程、全人’的服务闭环，这是我最大的初衷。”尉建锋如是说。

创业之途——路漫漫，唯其上下而求索

作为互联网创业领域一匹强劲的黑马，尉建锋对创业有着自己独到而深远的见解。创业之前，尉建锋就明白“创业本身就是九死一生的事情”，就像千军万马过独木桥，它的艰难性决定了成功的人永远是少数。然而，在创业途中，尉建锋并没有畏缩不前，而是深思远虑，提前部署，努力用实际行动让理想在现实的土壤中生根发芽。

创业伊始，尉建锋就清楚地认识到，创业最关键的，就是把握行业

方向。尉建锋告诉我们，早期医疗数据是处于物理隔离状态的，所以他们致力于打造的医疗数据共享互通体系在开始时存在一定风险。而如今，全国的医院都要求实现医疗信息共享，时代的潮流肯定了他的坚持，这让他颇感骄傲。方向既定，还需资金支持。公司运行、员工工资等刚性需求要解决，则需以充足的资金作为保障。尽管后来卓健获得腾讯1.5亿元的投资，但前期的融资过程还是十分艰辛的。除此之外，杰出的人才和团队也是事业前行必不可少的因素。早期，公司为了吸引医学精英和信息技术人才，采取提供高薪、分股份等措施，但随着公司的进一步发展，其规模和影响力与日俱增，公司逐渐形成了以“平台吸引”为主的人才招募模式，并聚集了一大批有理想、有才华的能人志士。

创业初期，尉建锋在公司运营的过程中保留了医生的身份，后来他彻底离开了医生这个岗位。当被问及这一转变的原因时，尉建锋从容地回答道：“在2016年之前，政策方向和行业局势不明朗，我留在医院圈子内能够更加清晰地感知医疗界的变革和发展，医生这个特殊身份可以让我们把互联网医疗做得更好。而2016年之后，局势逐渐明朗起来，我觉得自己已经能够预测和把握行业发展趋势了，于是我决心走下手术台，全心全意地专注于一件事。”

市场上做互联网医疗的企业和项目不在少数，各大企业似乎都想在这场时代盛会的巨大红利中分得一杯羹。面对严峻的行业竞争形势，尉建锋始终从容淡定，这源于他对把握公司大方向的自信。

卓健科技扎根医院，始终以医院为核心，为医院和患者搭建信息沟通桥梁的同时，还实现了协作医院之间的信息对接，利用互联网技术打破传统医疗的僵局。

早在2012 年，卓健科技便推出了第一款“掌上医院”的应用——掌上浙一。这款App从医院的角度为老百姓提供便利高效的服务，除了能够让患者在家轻松地预约挂号、查看化验单、支付、得到就医指导、加入个人健康档案、查看手术记录以外，还能把远程病理、远程影像、远程B超这些与诊疗密切相关的业务，都整合到手机App客户端，让患者获得更好的医疗资源，也让医生在更加方便管理患者的同时，能更好更快地收集疾病数据，丰富自身医学知识，提升自己的业务技能。

此外，卓健还针对多家医院不同的情况，为他们推出了特色App，如“浙大儿院”“掌上湘雅”“掌上长海”等。

前景之期——明日盛象，与君同创

医疗模式在一代又一代先行者的开拓下不断完善，只有敏锐嗅到问题发酵根源的人才能冷静分析、对症下药。

当被问及对完善现有医疗模式的看法时，尉建锋回答道：“需要医院进一步被解构，需要医疗服务被重塑。”他从三个方面细致地解释了“解构医院”的意思：首先从“医”的角度，应降低医院对医生的控制，鼓励民营医院和医药连锁，让医生“多点执业”；其次是“药”，保证药品零加成，甚至允许处方外流，以此降低药品价格，同时要改变以往“以药养医”的局面，让“药”与“医”同地位直接服务于患者；最后是设备，即其他机构可以承接身体检查等服务，促进医疗分流。

“改进医疗模式，还要转变服务模型。”如尉建锋所言，新医疗模式是需要院外各方力量携手打造的全社会参与的新型医疗模式，而在这种模式塑造的过程中，借助互联网平台无疑是最好的方式。“云端医疗”不再是梦想，尉建锋和他的团队一直在为之努力。

社会对医疗卫生的关注度正在日益提升，获取医疗信息和服务变得更加便捷，大众关心的事物也正在被科学而持续地完善，正是有千千万万像尉建锋这样人，才使得这一切成为现实。但当被问到是否鼓励“新兴力量”汇入即医学生创业时，尉建锋却给出了否定的答案——不鼓励。尉建锋坦率直言：“很多人只看到了创业的成功，没看到创业背后的辛酸，而我当时是因为看到这一领域的空白，没有人做才去做的。中国还是缺医生，起码缺少合格的好医生。”

“我还是希望现在的医学生能够不要那么浮躁，应脚踏实地、专心致志地做事，这一点尤其应该向前辈们学习，要有理想。”尉建锋感叹道，“我们也仍需向国外学习，建立规范的‘同质化’培养体系，注重过程管理，培养出真正卓越的医学人才，为国家医疗卫生事业做出贡献。”

离开手术室，不是医者生涯的结束，而是新的开始；走下这一步，既是对自己理想的追求，更是对医疗界未来的倾力奉献。两种方式做医生，都是在用切实行动证明一点——只要心中永远有一把手术刀，不再提起却又能随时提起。

采访小记

尉建锋学长是个追梦人，这是我对他的直接印象。他的理想或许很多人都会有，也是大众所期望的，但像他这样深入考量，做出行动，直到最后创立公司，真正为解决现有问题作出建设性贡献的人，却屈指可数。有很多思想者，也有很多行动者，而他却是思想与行动并存的那一个。在这一点上，他和马云很像。在大学里，到处洋溢着理想的气息，但这份热忱远离地面，缺少行动，显得疏旷而缥缈。然而，在和尉学长的接触中，我看到了理想真真切切地被实现，梦想近在眼前触手可及，本来遥远的声音此刻和社会共鸣，这一切都是因为思想和行动紧紧地结合在了一起。

和尉学长交流的过程中，我是深受其感染的，不仅为他对理想的追求所折服，更对他的情怀敬佩不已。究其所做一切的原因，我觉得就是一个字——爱。对世间万物有爱，故能仁。正如浙大医学院院训“仁心仁术，求是求新”一般，他始终怀着一颗仁心，且用自己的方式传递这种爱，在医院，在公司，圈里圈外一般无二。我想，这大概是医者一辈子的烙印，一日行医，终身仁心。

我希望自己以后也能做到如此，就算不能成为行业先锋，以一己之力创造光明，也要用自己的医德和仁心照亮方寸之隅，不负仁心。

参考资料

[1]“卓健科技”微信公众号:《尉建锋：仁心依旧，理想升级》。

采访时间及地点：

2018年11月24日，某蓝山咖啡馆

采访及撰稿：

沈可沁　临床医学专业2018级本科生

刘子昂　口腔医学专业2017级本科生

图片来源：

尉建锋

陈　旭

不安分的人做不安分的事

陈旭，1984年生，浙江温岭人。2002年进入浙江大学数学与应用数学专业，2007年浙大直博，攻读数学系运筹学与控制论专业博士学位。浙江大学求是强鹰项目导师，现任海望教育董事长。海望教育作为一家知名的教育集团，目前已入驻四个省市，建立了十多个国际学校/国际部，在校人数近5000人。2016年，海望教育荣获“2016中国行业领先教育集团”，是目前长三角最有影响力的提供K12（幼儿园、中小学、高中）国际课程管理与服务以及跨文化交流与合作的教育管理机构之一。2016年5月，陈旭以校友身份向浙江大学数学科学学院捐赠数学科学学院陈旭奖学金，截至目前已资助了20余名优秀在校生。

学霸，这两个字就是陈旭在学生时代的代名词——从台州中考状元，到浙江省第一届理科创新实验班尖子生，再到浙大保研并直博。在校园里陈旭一直手握标准的“大神”履历，若按照这个路子走下去，今天的他或许应该在学术研究中颇有建树。然而在浙江省以及浙江大学“双创”氛围的熏陶下，大四保研成功后，不安分的陈旭选择了创业这条“不归路”。

谈不上成长，顶多是野蛮生长

其实陈旭并不是一开始就打定主意创业的。他起初在考精算师和创业两个念头中摇摆不定，使他坚定创业这一想法的契机是源自于他的一次“修学”旅行。那是在大二的暑假，在身边同学忙着考虑之后究竟是就业还是出国的时候，陈旭想去亲近一下祖国的土地。他从杭州出发，途经南京、青岛、天津、北京、山西、内蒙古、兰州，差不多把中国的东部、中部、西部都看了一遍。

这当然不是一次纯粹的旅行和放松，陈旭将它称为“修学”。那是一次对社会的深度探访，每到一个地方，他就叫上当地的同学和朋友好好侃一侃，了解当地的情况，也验证一些自己心中的创业想法。也正是这次旅行，让陈旭理解了中国不同区域城市的不同经济发展状况，否定了原本精算师的职业方向，那颗躁动的内心使他明确了要往创业的道路上闯一闯。

奔着创业的路子，忙活着准备到大四，不安分的陈旭突然冒出了一个新念头——“我要成立一个社团”。作为紫金港校区入住的第一届学生，那时紫金港校区尚未完全建设完成，启真湖都还没蓄水，周边也尚未建造好完备的教师居住区，学生与老师沟通交流的渠道仅限于课堂，高年级学生与低年级学生之间的联系也并不紧密。因此，他期望能在毕业前燃一把沟通传承的火苗，创建一个以知识传承、分享为主题的社团，在这个社团中，学长学姐为学弟学妹提供指引，每个人都能与前辈们进行密切的交流。

当时陈旭已经大四了，没有人看好一个毕业生折腾的社团，陈旭甚至找不到一个能支持社团的指导老师。但他坚信自己的做法是正确的，坚信大家需要这颗传承之心。最终，陈旭成功创办了“创智先锋”社团，并且办响了社团的品牌活动——“回访母校”，这颗传承之心不仅跳动在了浙大校园之内，还落地到了高中校园，跳动在高三将选填大学志愿的准学弟学妹眼前。

创建社团的念头不仅是陈旭一时的有感而发，更是他正式创业的前奏。从最初精准把握学生的需求，到创建过程中招募社团成员、策划社团活动，最终倾力打造出社团品牌，每个阶段都是对一个准创业者的预先磨炼。

海望教育董事长陈旭作为获奖机构代表在“新浪 2016 教育盛典”现场

陈旭说，在大学那段特殊的情境里，自己是在野蛮生长。这些不安分的经历让他一点点排除了职业道路的其他选项，社团的成功也给他带来了很大的信心和幸福感。陈旭确认了自己内心职业发展的热情和能力所在，他清晰地认知到，最适合自己的，就是自主创业。

没什么大创新，就是传统行业再改造

2006年，浙大准研究生陈旭打定主意要折腾一番。他将创业方向锁定在了教育培训行业。此事说来轻松，但当初方向的确立却是经历了好一番周折。

当时，陈旭和打算一起创业的室友徐凌佳看到一个现象：国内的香港以及国外的日本等地的辅导市场非常火爆，街道两旁随处可见各种辅导机构。“如果你跑到香港去看，他们的辅导老师都是西装笔挺的。在当时人们的观念里，笔挺的西装都是IBM这类外企工程师才穿的，所以你会感觉为什么我们同样在亚太地区，大家都很重视教育，但内地在教育培训这个事情上并没有很完善，那个时候新东方都还没有上市。”陈旭说。

紧接着，陈旭又受到了来自教育培训行业的另一个启发：一张聘请大学生家教的传单。当时做家教的市价是20～25元每小时，但传单上却写着35～40元每小时。陈旭感到非常奇怪，为什么这家机构能给到高出行业标准的薪资？他了解后发现，这个公司用“个性化辅导”这一新理念提高了收费标准。这件事情验证了陈旭关于创业的一个基本观念：传统行业再改造。

对创业者而言，很多时候你想要脱颖而出，其实就是把原来满足需求的模式换一个，更有效率地去满足它，更好地解决一些痛点。拿家教这个行业来说，它本身是比较传统且有章可循的，关键就看你能不能把它升级出“个性化辅导”这样的一个新需求。

当然，有了需求升级的想法还不够，还需要更多地去了解和研究这个行业，用陈旭的话说就是“千万不要觉得只有你才能做”。但是，当时的陈旭还没有这么深刻的眼光，他把需求升级到培养学习方法和习惯，憋着一股劲儿，和创业伙伴徐凌佳开始了创业之路。

两人在放假前大致拟出了培训模式，准备了几千块钱。到了假期，便在各自所在的城市找了个地方，开办辅导班，做先期的市场试水。虽然模式定位很成功，但是欠缺调研和经验的陈旭很快遇到了一个严重的问题：他们把市场铺得太广。

海望教育团队照

第一年的假期辅导班，陈旭和伙伴共计铺了7个地区。虽然是在各自的家乡，但实际是很捉襟见肘的，他们不可能做到在7个地区面面俱到地做辅导宣传工作，宣传做不好，谁知道学生能招进几个？陈旭甚至在尚且不知道学生规模的情况下，就在放假前从浙大招了50位同学做老师。这其实是非常冒险的事情，陈旭笑着感谢浙大的伙伴们：“还好都是浙大的同学，好说话，如果真的进入社会工作，我和你签了劳动合同（又招不到学生），那就很危险了。”

当时，陈旭已经尽可能动用了自己所有的资源。宣传不够就鼓动伙伴们一起去做，桌椅不够就去问自己的老师们借。好在最终挺过来了，还赚了3万块，陈旭也拿着这个项目参加了首届“赛伯乐”杯大学生创业大赛，获得了千万元的风投，算是真正成了一名创业者。

创业需要的素质很多，但本质的就一个

在经历了一次次的挫折、一次次的反省与提升之后，陈旭得出了自己的一套创业心得，其中，他意识到一个成功的创业者需要具备的根本素质是“认知商业模式的能力”。

听起来很高深，但实际就是一个透过现象看本质的能力。这个能力非常重要，它让陈旭明白，在创业中遇到的诸如资金限制、人脉影响等挫折背后的原因本质上都是尚未真正看透商业模式。

陈旭解释说，这个所谓的看透商业模式，不仅需要你去看清楚阿里巴巴、腾讯等其他企业是如何赚钱的，去了解现有的市场运作方式，更需要你去分析你的商业想法到了这一阶段已经具备了什么、还需要什么。

“很多时候我觉得创业成功与否，跟你一开始的选择就有关，有些人（认知不准确）选择了一条注定就不会成功的路，有些人选择的路径就有较大的成功概率，当然这个概率是一个相对而言的概念，但这样的认知却是最关键的。”陈旭说。

海望教育 logo

在度过创业初期阶段，公司运行基本稳定后，陈旭就开始思考：自己真正能给学生带去的是什么？难道仅仅是应对学业任务的方法吗？那这对他们未来的发展又能有怎样的改变呢？他分析当时教育市场的环境之后得出，如果想要在一众优秀的为高考服务的公立或私立学校中脱颖而出，必须具备独特的市场竞争力。于是陈旭就抓住了国际高考的机会，办国际高中，给学生提供在国内学习国外课程的机会，这也就成了后来的海望教育。

当然，这种认知商业模式的能力是可以后天培养的。陈旭特别提到了浙大的求是强鹰俱乐部，它聘请知名浙商担任大学生创业实践导师，导师会为学员提供一系列的创业训练和帮助。陈旭曾经是求是强鹰的学员，而现在是该俱乐部的导师。

因为创业导师的身份，陈旭与学弟学妹有了更多的接触。在享受与年轻思维碰撞这一过程的同时，他也感叹："现在来咨询创业的孩子年龄越来越小了，有些刚刚大一。"这在他看来是很不合适的，创业应当是深思熟虑之后的事，而不是一个天真的想法或者图一时新鲜，毕竟真正创业成功的人只有一小部分，没有足够的学习和积累，你凭什么认为自己会成为那一小部分中的一员呢？

最后，这位在浙大留下许多印记的学长也真诚地给后辈们留下了两点"心意"。一是敬畏心，创业需谨慎，应对它抱有敬畏之心。在读书阶段，同学们要尽可能多地去认识、尝试更多的东西。真正决定去创业，也不见得非要立刻投人，完全可以从学习、就业开始，去更深入地了解自己的创业方向、积累知识和经验。二是幸福感，回答竺老校长关于"毕业后你想成为怎样的人"的问题，陈旭说自己想要成为一个既懂得幸福又能为社会创造点幸福的人。要找到自己的幸福感在哪里，去旅行、创社团、办公司、教学生……这些都是陈旭愿意去做也能从中获得幸福感的事情，与此同时，又为社会创造点幸福，留下点什么，比如回访母校的传统，比如从海望走出的展翅高飞的学生。

采访小记

见到陈旭学长是在城西银泰的星巴克内。他见到我第一句便是："我们之前是不是见过？"玩笑般的开场让我在一刹那难以把他看成一个集团的董事长。他的语速有些快，但逻辑非常清晰，说的内容也充实而深入，常常是我问出"是什么"这样的问题，他便已经给出"为什么"与"怎么样"的完整回复。深聊学长的校园经历，我似乎进入了一个特别的故事。那是与我过去几年迥然不同的生活，更精彩也更热血。好像在故事的开头他便怀揣了一颗怦怦跳个不停的种子，在浙大的泥土里生了根。走出好远，回头已是参天模样，枝叶还在飒飒招展，满地绿荫。

在与陈旭学长的交流中，我似乎也在触摸一个全新的世界，自己对创业的认知观点也被重新洗刷。我满以为创业所需，无非是资金、人脉、创新能力，但是陈旭学长却道：是商业认知能力。突然便感觉自己的眼界过于狭隘，真正的大家要有全局性的视野，看问题不浮于表面，而是抽丝剥茧，抓住根本。也正是此刻，突然产生了"听君一席话，胜读十年书"的微妙情感。其实何止是创业，行走人生路，遇见的每座山、每个坎，若能练就一双透过现象看本质的眼，一定会走得更加顺畅吧。

参考资料

[1]《从中考状元到浙大博士，瞄准教育市场，打造国际学校3.0版本》，http://www.sohu.com/a/229130183_99978405。

[2]《2016新浪教育盛典访谈：海望教育》，http://www.wantedu.cn/news/122。

采访时间及地点：

2019年4月8日上午，杭州城西银泰城

采访及撰稿：

季凡凡　广播电视学专业2018级硕士研究生

李萌　数学科学学院辅导员

图片来源：

海望教育

李剑龙

用漫画故事解释宇宙

李剑龙，笔名 Sheldon，理论物理学博士，科学松鼠会成员，菠萝科学奖策划人，中国科普作家协会会员，“Sheldon 科学漫画工作室”创始人。2002 年考入浙江大学物理系。2006 年保送浙江大学近代物理中心（硕博连读），师从陈一新教授。2011 年获得理论物理学博士学位。2016 年创办了国内科学漫画第一品牌“Sheldon 科学漫画工作室”，担任 CEO 兼主笔。工作室和个人荣获多个奖项，包括 2016 年科普创客大赛一等奖、2016 年新媒体融合创作特别奖、2016 年第四届中国科普作家协会优秀作品奖、2017 年和 2018 年网易年度最佳签约作者荣誉称号、2018 年度十大优秀科普新媒体、2018 年第五届中国科普作家协会优秀作品奖等。

公众号中的Sheldon是一名知识渊博的科普工作者，乘坐一艘闪亮的黄色飞船，梳着三七分的头发，嘴角斜斜上扬，自信满满地用科学漫画故事带领读者徜徉于浩瀚宇宙之中。演讲视频中的Sheldon是一位有着丰富阅历的成功青年，架着金属边框眼镜，斯斯文文、清清爽爽一身打扮，调侃着自己的专业与爱好，将过往经历娓娓道来，时不时引发阵阵笑声。而坐在记者面前的这位笔名Sheldon、真名李剑龙的大男孩，温和又亲切：听你说话时，一双圆溜溜的下垂眼会认真地将你瞧着；自己说话时，长而浓密的睫毛扑闪扑闪，偶尔蹦出几个科学专业名词，又生怕你不懂，主动加以通俗地解释。而这也是他长年从事科普工作养成的习惯——用简练生动的具象语言向他人讲述艰深复杂的抽象知识。

讲了这么多年物理，“不能只当安眠药使”

从事“科普”工作，最初是源于对探索宇宙奥秘的兴趣。李剑龙小时候看过许多精彩的科学家故事，故事的主角既聪明又有毅力。受到他们的激励，他渐渐地对科学研究产生了浓厚兴趣。于是，他考入了浙江大学物理系，并逐渐成为一名科研工作者。科研之路道阻且长，但他能从中获得极大的乐趣，“获得乐趣的源头就在于，首先你对这个东西有一点点的了解但是不深入，这个时候你就会有问题，然后再去求证。在求证的过程中，慢慢地会有颠覆的感觉，颠覆过去幼稚的认知。而我每天都被这种颠覆的感觉围绕。”李剑龙笑着说，“这种颠覆的感觉和困难的大小相关。和打游戏一样，如果一上来就把boss给打败了，就会觉得这个游戏好无聊，我一下就通关了。好玩的游戏在于，你一直在练级，练得好辛苦啊，终于升了一级，终于敢去打boss打了，然后又很不顺利，被boss打败，又在想去学什么技能、买什么装备……其实学物理的感觉就和这个一样，它的乐趣是建立在前期的痛苦和后面的快乐相互呼应的基础上的。”

从物理研究中获得乐趣，又急于把这个乐趣分享给其他人，李剑龙将自己的这个爱好称为“讲物理强迫症”。从翻译科普书籍、撰写科学报道、策划科学活动、做线下演讲活动，到在生活中时不时与亲友谈起物理知识，这一“症状”淋漓尽致地显现于工作与生活的方方面面。偶尔，他的“讲物理强迫症”也发挥着高效的疗愈作用，“我在家也会给我老婆讲物理，只不过不是白天讲，是在她晚上失眠的时候讲。据她反馈，一听就困，特别管用。一开始我还不信，有一次我特意在白天的时候，给果壳网的创始人姬十三讲了一次物理，结果他也睡着了”。

分享了这么多年有趣的物理，却不见他人真正体会到其中的乐趣，讲物理“可不能只当安眠药使”，不甘心的李剑龙暗暗立下这个目标，踏上了自我反思与寻找答案的求真之路。事情的转机源于两个启发。第一个启发来自于刘慈欣老师的《三体Ⅲ》。李剑龙发现，在这本书问世没多久，有很多对物理根本不感兴趣的人也开始问他什么叫量子纠缠、什么叫高维空间了。原来，《三体Ⅲ》里有好看的故事，而爱听故事是所有智人的本性。因此，要想讲物理，至少得先学会讲故事。第二个启发来自于兰道尔·门罗（Randall Munroe）的各种脑洞漫画。兰道尔是美国热门科普漫画网站xkcd的创立者，李剑龙举例说道：“他有一个科普漫画，主题是‘拿着激光照月亮会怎么样？’普通人就觉得照一下怎么了，但是他会分析这个激光的功率是多少，照到月亮的光斑有多大，反射回来的亮度有多大，所以一个激光是不够的，他会告诉你需要拿多少个激光照才有用。他会一点点地给你推理，在这个推理的过程中，你会学到一点关于激光的科学知识，但你又不会觉得他在科普，会觉得他好逗，就会一直吸引你往下看。”因此，同样是对科学知识进行表达，跳脱文字形式的束缚，增加可视化的漫画形式，大众的接受度将更高。

对“讲故事”与“画漫画”的启发一以贯之又加以升华，李剑龙总结出了自己的一套科普公式：科学论文+公式+图标$\xrightarrow{\text{（简化）}}$比喻+故事+漫画。

用漫画解释宇宙，哪有那么简单

秉持这一公式，李剑龙做的科普工作获得了业界大量的认可。随着业务越来越繁忙，2016年，李剑龙创办了国内科学漫画第一品牌“Sheldon科学漫画工作室”，从一名业余科普爱好者转变成一名全职的科普漫画工作者。“用漫画解释宇宙，就是这么简单”是李剑龙团队的一句口号，这给记者留下的第一印象是：一位天才博士信手拈来最前沿的科学知识，将其改编成一个个有趣又严谨的故事，顺便发挥他卓越的艺术创造力，完成从文字脚本到漫画原型的升华。当然，以上只是记者幼稚的臆想，在记者深入了解李剑龙之后，不得不说：用漫画解释宇宙，哪有那么简单？

Sheldon 科学漫画工作室
微信公众号 logo

“在印象中，从刚开始做这件事情到现在，我都一直处于火烧眉毛的状态。就算我没在工作，我在吃饭的时候也在想工作的事，脑子里就会想这个元素该怎么编，应该简化还是放进去。如果甲方不同意，该如何处理。如果我想轻松一点就会导致事情根本没法做完。”李剑龙坦言。

他谈到了从事这一行业所面临的诸多难题，主要集中在选题、内容形式构思和团队协作这三个方面。虽然科普漫画看起来只有短短一页、寥寥几格，但完成一篇成功有效的科普漫画需要耗费大量的时间和精力。李剑龙和他的团队坚持以最前沿的科学研究作为选题，这中间存在着大量的“超纲”知识。面对这些鲜活但陌生的科研成果，他必须查阅大量的书籍和论文让自己首先弄明白其中的科学原理，然后构思故事框架，在知识内容和表达形式之间反复斟酌、取舍，最后在一堆方案中挑选出最佳方案让团队执行。而李剑龙的团队中负责画画的同事基本上都没学过相关的科学理论课，因此他还得想方设法让团队弄明白这些原理，才有可能产生一篇简练有趣、不失严谨、给读者传递有效信息的科普漫画。李剑龙同时兼任团队的编剧、科学顾问、艺术指导、管理者多等重角色，从科普漫画的构思到落地，每个环节都需要他亲力亲为。

“因为科学原理太难懂才需要画出来。但是又怎么保证读者通过这些简短的对话、标注，一下子能看懂这个科学原理，而不是说读者要和上课时一样做推理？有时候语言表达得不清楚，读者就需要往回翻一翻。我不能让读者有这样的行为，所以把事情讲清楚这个过程需要消耗大量的脑力。最重要的是时间是有限的，这么多事情又没有办法找别人来代替我。所以我经常同时要做七八个项目，难度很大。”李剑龙这样描述他在做漫画时遇到的困难和纠结。理想很丰满，愿景很美好，但在实际操作中却不得不向现实和甲方妥协。

尽管李剑龙的时间被工作挤得满满当当，但他仍怀揣着那份探索宇宙奥秘的浓郁兴趣，并持续从中获得令人极度愉悦的“颠覆感”。在过去、当下精神充实的每一天里，他期待着下一个作品的完成，更对未来科普行业的发展怀揣殷殷期许。

不忘初心，“我想做些改变”

对于Sheldon科学漫画工作室的未来，李剑龙有着清晰的目标规划。他指出，目前Sheldon科学漫画工作室出品的漫画大多还是面向成年人的，主要依靠微信公众号等新媒体平台发布，而李剑龙和他的团队更希望在不久的将来扩大受众群体，尤其是在儿童科普方面有所建树——将最前沿的科学知识以儿童绘本的形式带给小朋友们。在采访中，他特别指出了目前市场上充斥的儿童科普都是“二手”的，内容陈旧、涉及面窄，而在这个知识和信息更新迭代极快的世界里，小朋友们更应该尽早接触最鲜活的科学成果和最前沿的科学技术。现在，Sheldon科学漫画工作室正在这一征途上稳扎稳打，不断推出优秀的作品。

Sheldon科学漫画工作室参与创作的
“院士带你去探索”系列科普绘本

在谈到对科普行业的一些看法时，李剑龙有着自己的认知。他冷静又深刻地分析了科普行业的未来，以及未来科普工作在全社会的价值。他指出，从“谁受益谁买单”的经济学角度出发，科普的最终受益者是全社会，那么科普这个产品也必定是由政府来买单的。他直言科普行业未来的发展受限于各种条件，尽管科普是社会发展中极为重要的一环，但它不像是一般消费品能促使社会大众心甘情愿地买单，因此在科普行业很难赚到大钱。面对科普行业普遍收益不高、人才紧缺的现状，李剑龙认为应做好市场建设，平衡好兴趣与收益之间的关系，积极对现有的科普体制进行改革，以吸引更多人才投身于科普行业。当然，这需要长时间的努力和尝试。

“我们想做的这个东西也是想在一定程度上改变教育行业。”李剑龙在采访中略带腼腆却又坚定地说到他的最终目标。科普是教育行业乃至整个社会都迫切需要的产品，身处于这个变化迅速的社会中，知识就是力量并不是一句空话。

对于李剑龙来说，这是又一个没有假期的杭城的春天，他疲累于与甲方打交道，奔波在各个学科领域，焦虑着如何搭建科学家与普通人之间的桥梁；他成功接下一个个项目，驰骋在广袤宇宙之中，满足于一砖一瓦地打破科学与大众之间的隔绝……当然，他也期盼着下一个能够实现他踏春计划的明媚春季。

采访小记

采访当天正值清明假期，天空没有雨纷纷，倒是烈日炎炎。与李剑龙学长在银泰城一楼的哈根达斯冰淇淋店相见，点了一壶热气腾腾的水果茶，三人对饮，伴着隔壁桌小孩童真的笑音，气氛甚是轻松愉悦。在这种氛围的感染下，记者们十二分紧张的心情成功降至八分。

除了开场时有点哆嗦和结束时有点词穷以外，访谈进行得比较顺利，这很大程度上源于李剑龙学长自内而外散发的温和气场的鼓励。他的温和体现在全程会用一双真挚的眼睛表示他在认真倾听你说话并给予充分的回应；他会偶尔在你记录时瞥一眼你的记录本，顺便提示你卡住的一些专业术语的写法；生怕你不懂他话中的含义，他会用你最熟悉的专业知识进行举例说明。于是，记者们惊奇地发现，李剑龙学长对于考古学与博物馆学也有着深刻的见解。

这是一位“宝藏男孩”——渊博的知识储备、超强的学习能力、多元的思维方式等理性的特质令人心生钦佩，但最打动记者的还是他稍显感性的那一面：对精神愉悦的追求远远大于对物质享受的追求，在时刻承受着因工作带来的压力与劳累之际，仍不失最初那份对探索宇宙奥秘的极度热爱。

记者与李剑龙的合照，左一为李剑龙/2019年4月6日摄于杭州下城区中大银泰城

参考资料

[1]《用漫画故事讲述生命、宇宙以及一切的答案》，http://tech.ifeng.com/a/20171110/44754875_0.shtml。

[2]《学物理的看不起学化学的？不同领域科学家之间竟然也有“鄙视链”》，https://baijiahao.baidu.com/s？ id=1625514361228970042&wfr=spider&for=pc。

采访时间及地点：

2019 年 4 月 6 日，杭州下城区中大银泰城

采访及撰稿：

王竹君　文物与博物馆学专业 2015 级本科生

李晨璐　文物与博物馆学专业 2015 级本科生

图片来源：

李剑龙，记者自摄

陈宇森

黑客的正确打开方式

陈宇森，浙江大学竺可桢学院求是科学班 2014 届毕业生，美国西北大学访问学者，北京长亭科技有限公司联合创始人、CEO。2015 年在美国黑帽大会（Black Hat）首次亮相时年仅 23 岁，是国内为数不多的登上美国黑帽大会的演讲嘉宾之一。2017 年入选福布斯中国 30 位 30 岁以下精英榜名单。创办的北京长亭科技有限公司是国内顶尖的网络信息安全公司，专注于为企业级用户提供高质量的网络信息安全解决方案，其用户包括中国银行、交通银行、安信证券、中国平安等顶尖金融机构，滴滴、Bilibili、爱奇艺、抖音等互联网公司和华为、中国移动、国家电网等大型企业。

2010年，陈宇森成为浙江大学竺可桢学院求是科学班的一员；2013年，他组建“浙大AAA战队”出战美国iCTF国际黑客竞赛，拿到全球第50名；后加入清华“蓝莲花”战队，和战队一起首次入围 DEF CON CTF，并包揽了2014年和2015 年全球几乎所有重量级网络安全大赛的前三名；毕业后创办北京长亭科技有限公司；2017年入选2017福布斯中国30位30岁以下精英榜名单。学业和比赛，陈宇森如何平衡？从学生到企业家，陈宇森如何完成这种转变？对于大学生创业，陈宇森有什么看法？

从“浙大AAA”到清华“蓝莲花”，是“以赛代学”成就了陈宇森？

2010年，陈宇森凭借全国高中生生物学竞赛一等奖获得了浙江大学的保送资格。出于对“打游戏”的热爱，他在后来的面试中“弃生从计”，选择了计算机科学与技术专业，并成为第一届求是科学（计算机）班的一员。

和很多同学一样，刚进浙大时陈宇森并不能明确地回答竺老校长的“两问”（到浙大来做什么？将来毕业后要做什么样的人？），在他看来，大学生活更多的是体验多元化，了解和探索自己“能够成为什么样的人”。

竺可桢学院恰好为他提供了一个多元发展的平台。“竺院于我而言更重要的意义在于，它拉起了一面旗。”陈宇森表示，“竺院这面旗下聚集了很多非常好玩的人，或者说很有想法的人，特别是文科班的同学，他们后来要么跑银行，要么做投资、做咨询，非常厉害。和不同专业的同学交流，能碰撞出很多有趣的新想法。‘海纳百川’这个思想真的很重要。”

2012年12月的一天，正在上大三的陈宇森偶然间在CC98论坛上发现了一个有趣的“黑客大赛”。他查阅资料后发现，这种叫做CTF（夺旗赛）的比赛和电竞很类似，需要以战队的形式参加，只不过各战队之间不比拼游戏技术，而是比拼黑客技术。“既然是玩票，那还组什么队？我自己一个人就是一个队。”他回忆。结果这一票玩得有点大，他单枪匹马直接杀进了决赛。

为了能在比赛中走得更远，陈宇森和同学组建了“浙大 AAA 战队”，开始参加各种线上比赛，最后一举拿下了 iCTF全球第50名。后来，陈宇森加入了清华“蓝莲花”战队，参加了有“CTF世界杯”之称的DEF CON CTF的决赛，并斩获了全球第11名。

2013年，清华“蓝莲花”
DEF CON CTF首战

谈起这段“以赛代学”的经历，陈宇森坦言，计算机作为一门注重实践的学科，光靠学校教授的知识是远远不够的。“打比赛激发的胜负欲可以激励我花更多时间去学习相关的知识。打比赛大概率会影响非计算机专业课的成绩，但是如果真正地弄懂了操作系统编译原理，应付计算机专业课就是游刃有余了。当然，我不是说学校的课太简单、不重要，事实上，我不觉得大学应该教授更多的专业知识，这是职业技术学校要做的事。大学更应该提供一个多元化发展的机会。”

“成绩是一种手段，不要把它当作目的。如果要出国的话，它非常重要。不出国的话，你要知道你在大学四年想要去积累什么、想要学什么，不要盲目地每天为了考试去考试。因为说实话，很多课最后给你留下的是影响，而不是说这个课的实际应用。就像学数学不能使你成为一名很好的会计，但它会对你处理问题的逻辑产生影响。只要接收到这门课程知识的本质给你传达的东西就可以了，也就是‘有的放矢’这四个字。”

从一定程度上说，是兴趣驱使陈宇森踏足CTF赛场，但同时，CTF比赛也激励着陈宇森不断学习更多的相关专业知识，积累大量的实践经验。事实上，“以赛代练”为对相关领域感兴趣的学生提供了获取进阶知识与进行创新实践的平台，而这种学习模式也得到了浙江大学计算机学院的大力支持。

对于信息安全专业的晚辈们，陈宇森的建议是：首先要多动手实践；其次要注重培养逆向思维，毕竟和软件工程“造房子”的过程不同，信息安全更多的是“拆房子”——从整体逐步分解以寻找其中的漏洞；同时，由于计算机学科迭代很快，书本上的知识往往是过时的，因此不能拘泥于课堂内容，要自己去了解相关领域的最新进展，主动获取信息和知识；但基础知识也很重要，不能忽视夯实基础。

创业是一个想法，但它在生根发芽

陈宇森坦言，创业这个想法是慢慢探索出来的。

尽管在求是科学班的时候，学校倡导读到博士，但作为访问学者在美国西北大学的信息安全实验室交流时，陈宇森发现自己的兴趣点不局限在实验室里。“因为在安全领域，学术界跟工业界的关注点区别挺大的。”相较于朝九晚五的实验室生活、从科研到投产较长的反馈周期，他更偏爱产品落地、产生实际价值的过程。

陈宇森曾给中国企业互联网安全打出了“不及格”的分数，主要原因是中国企业对于网络安全不重视。“我们常开玩笑说，世界上只有两种人，一种是知道自己被黑了的，另外一种是被黑了还不知道的。中国的中小企业大部分属于后者，他们还不知道网络安全的意义。”

多次参加国际CTF比赛的经历，使陈宇森清楚地认识到国内外在信息安全环境与技术及对其重视度等方面的巨大差距，而当时国内网络安全产品的主流厂商的技术水平都远远落后于世界水平。

“其实，‘通过创业来改造世界’只是媒体的夸张说法，当时最朴素的想法就是我们可以算是站在攻防领域的世界前沿，在产品和技术上做得比别人好，有能力帮助大家更好地去抵御黑客，在专业领域里把过去做得不够好的事情做好。”

于是，“蓝莲花”战队几个刚走出象牙塔的年轻人放弃了阿里巴巴、奇虎360等大公司的offer甚至special offer（区别于大批量的统招，在薪资等方面享受一定的优待），在北京海淀区登记注册了北京长亭科技有限公司。

当问及对大学生创业的态度时，陈宇森并没有像我期待中那样持明显的支持态度。但他认为，开始创业的点一定是一个资源不对称的点。

“像我们出来做信息安全，是因为知道我们的技术在国内属于非常顶尖的水平，我们能做一些不一样的事情，或者说我们能做得比别人好。当你有这样的东西的时候，你就可以去创业了。”

他强调，创业要保持头脑清醒，只有找到资源不对称的点才能开始创业，而不是举着创业的旗帜盲目跟风。

在看清楚自己优势的同时，也应该看清楚自己的短板。陈宇森指出，创业时遇到的最大困难，是团队都是技术出身，销售和市场营销相对较弱，商业短板非常明显。最后是陈宇森大胆承担责任，去补短板，才使

长亭科技受邀在 2015 年黑帽大会（Black Hat 2015）上展示 SQL 注入防御技术（左一为陈宇森）

公司慢慢站住了脚跟。

“其实我并不支持大学生创业，这条路太难了，成功概率太低。我们几个之所以能够成功，其实有很大的运气成分，只是在做抉择时恰好选择了正确的选项——事实上，很多时候你在做出选择时并不知道这个

选项意味着什么。但如果你选择了创业，那就好好干，认真干，努力干，因为在创业的环境中，所有人都在拼命努力。永远要有积极的心态，因为会有更多更加艰巨的难题在等着你。”

从学生到企业家，这种转变“挺难的”

创业之初，有“蓝莲花”核心成员的坐镇以及真格基金600万元天使投资的支持，技术研发与启动资金都不是什么难题，最大的困难来源于市场营销这门高深的学问。毕竟在代码的世界中，几位技术大牛只需要用技术语言与黑客、漏洞打交道——他们可从来没有上过一门叫“怎么和大客户勾搭”的课。

在这个节骨眼上，是陈宇森硬着头皮站出来，说：“我来。”

现在回头想想，这两个字为长亭科技创造了上亿元的收入。而在这耀眼成果的背后，有着一段段“狼狈”的经历。

当年的陈宇森凭借着一股子初生牛犊不怕虎的干劲，熬了无数个日夜、撞了无数次南墙。他每天白天工作，晚上选择最晚的一班飞机，在祖国上空飞来飞去，面见分散于五湖四海的客户。抵达目的地时，往往睡一小会后就得起早趁着客户上班的时间去拜访。有时候，大企业负责人开会非常忙，陈宇森就站在门外从早晨等到太阳快落山。但隔行如隔山，加上他们又是初出茅庐，大客户们或是压根没听说过“蓝莲花”，质疑他们的技术水准，或是嘲讽他们的资质，称他们为“毛头小子”，或是一边佩服他们的技术，一边把单子给了其他家。总之，所有的努力都以碰壁告终。这对一个原来天天写代码、每天获得稳定成就感的人而言，不啻为一种令人怀疑人生的极大打击。

“我差不多断定，这个世界已经没有留给年轻人的机会了。”他说。

直到某天他出差在外，晚上和当年的同学吃饭聊天。同学无意间吐槽：你的客户根本没有义务知道“蓝莲花”，也没有义务听懂你的技术。

他猛地意识到，有些事情并不是靠死磕“硬”实力就能解决的。

那之后，他改变了策略，试着跟客户交朋友。虽然单子没签下来，但一旦对方遇到一些技术问题，陈宇森还是会热心地答疑。平日里，偶尔也会像朋友一样闲聊自己的兴趣爱好。在日复一日的“软”攻势下，客户们终于发现，原来陈宇森是个“蛮 nice”的人。

明确了公司的营销风格，以及以技术导向解决问题的实力获得客户的认可之后，通过口碑的传播，长亭科技积累了一批又一批非常漂亮的客户案例。同时，长亭科技的技术水平确实先进可靠，因此具有极大的用户黏度。只用了半年时间，长亭科技从接不到订单变成了订单爆满的状态。2016—2018年，长亭科技年收入呈几何级增长。同时，在销售合伙人徐鹏志加盟之后，长亭科技接连驻扎上海、江苏、深圳，其销售队伍得到了大幅扩充。

陈宇森入选“2018胡润百富30×30创业领袖”

长亭科技也终于成为今天的长亭科技。

提到这种从学生到企业家的转变，陈宇森坦言“挺难的”，“但这就像打游戏一样，面对不会的东西，就去学，学会了就去干，干不好再改变，再迭代。成功的关键在于把这个流程压缩得尽量短。毕竟商业竞争还是很残酷的，如果反应慢了或者天天犯错就会被淘汰”。

近年来，长亭科技陆续推出了雷池、谛听、洞鉴、牧云等一系列网络安全产品，研发出覆盖网络安全保障过程的以攻（安全评估系统）、防（下一代Web应用防火墙）、查（云服务器安全）、抓（内网威胁感知系统）为一体的全方位企业级应用安全防护塔防体系，切实保障了用户的网络安全。在采访中，当被问及国内信息安全的现状时，陈宇森说，虽然依旧不容乐观，但“的确在以一种加速的态势变好”。

陈宇森，终于循着初心，在自己热爱的领域做好了自己热爱的事。而这，或许就是黑客的一种正确打开方式。

采访小记

2019 年 4 月 3 日上午，手机屏幕共被我按亮了 27 次。

12:00 整，收到陈宇森学长的微信消息。呼吸猛地一窒，紧张却又雀跃：是不是，我马上就可以见到陈宇森学长本人了？

16:15，北街咖啡店。没有格子衬衫，没有西装革履，简单的 T 恤配 V 领针织衫，嗯，学长还有点小帅。

《工作内容是和人聊天，爱好是撸猫和旅游，这位年轻 CEO 和想象中不一样》

——如果为了吸引标题党的话，我可能会这么取标题。

在采访期间，学长喜欢拿打游戏来作譬喻，“其实做什么事都和打游戏一样”“学习、实践、改变、迭代，都是这样一个过程”。喜欢打游戏的人很多，但只有少数人能把打游戏的道理拿来指导生活。

而在采访过程中，最令我印象深刻的是长亭科技对人才的选拔标准——善良、靠谱、聪明。善良被排在第一位。学长说，善良的人在面对重大决策的时候不会做不好事情。

突然想到某篇报道中，当被问到团队内部是否有过难以解决的利益分歧时学长说过的话，那我也便以此作结吧。

“因为我们都是善良的人。我们之所以能够把自己的后背留给彼此，并不是因为我们单纯。恰恰相反，是因为我们了解这个世界的复杂，我们明白了权力的架构，我们见过了残忍的斗争。然后，我们选择善良。这世界上聪明人很多，但善良，从来都是自己的选择。”

参考资料

[1]《面向朝阳，不怕失败——访竺院院友陈宇森》，http://www.sohu.co/a/140546612_281584。

[2]《福布斯榜上的90后黑客陈宇森：世界终会留给我一条逆袭的路》，https://www.sohu.com/a/241644735_100188883。

采访时间及地点：

2019年4月3日下午，北街咖啡

采访及撰稿：

袁瑜阳　医学试验班（临床医学八年制）2018级本科生

图片来源：

长亭科技、陈宇森